西山文脉

乌金留痕

张宝秀　张景秋◎主编　陈媛媛◎编著

北京联合大学应用文理学院◎组织编写

北京出版集团公司

北京出版社

图书在版编目（CIP）数据

乌金留痕 / 陈媛媛编著；张宝秀，张景秋主编；北京联合大学应用文理学院组织编写. — 北京：北京出版社，2019.12
　（西山文脉）
　ISBN 978-7-200-15250-0

　Ⅰ. ①乌… Ⅱ. ①陈… ②张… ③张… ④北… Ⅲ.
①煤炭工业—工业史—北京 Ⅳ. ①F426.21

中国版本图书馆CIP数据核字（2020）第008328号

总 策 划：李清霞
责任编辑：赵　宁
执行编辑：刘舒甜
责任印制：彭军芳

西山文脉
乌金留痕
WUJIN LIU HEN

张宝秀　张景秋　主编　陈媛媛　编著
北京联合大学应用文理学院　组织编写

出　　版　北京出版集团公司
　　　　　北 京 出 版 社
地　　址　北京北三环中路6号
邮　　编　100120
网　　址　www.bph.com.cn
总 发 行　北京出版集团公司
发　　行　京版北美（北京）文化艺术传媒有限公司
经　　销　新华书店
印　　刷　天津联城印刷有限公司
版印次　2019年12月第1版第1次印刷
开　　本　787毫米×1092毫米　1/32
印　　张　7.25
字　　数　210千字
书　　号　ISBN 978-7-200-15250-0
定　　价　88.00元

如有印装质量问题，由本社负责调换
质量监督电话　010-58572393

编委会

西山文脉

【目录】

【主编寄语】

北京西山，是北京西部山地的总称，属太行山脉最北段，与北京城市发展关系十分密切，宛如腾蛟起蟒，从西边拱卫着北京城，明代以来被誉为"太行之首"[1]"神京右臂"[2]。

北京西山北起昌平区南口关沟，南抵拒马河谷一带房山区与河北省涞水县的交界处，西至市界，东临北京小平原，总体呈北东—南西走向，长约90千米，宽约60千米，面积约3000平方千米。地势由西北向东南逐级下降，依次有东灵山—黄草梁—笔架山、百花山—髻髻山—妙峰山、九龙山—香峪大梁、大洼尖—猫耳山四列山脉，最高峰东灵山海拔2303米。地貌类型主要包括中山、低山、丘陵和山间谷地。北京西山向北京平原前出的部分，即今西北六环内的部分，以军庄沟（军温路）及永定河河道与西山主体部分相隔离，俗称"小西山"，地理名称为"香峪大梁"。

---

[1] [明]张爵著：《京师五城坊巷胡同集》，北京古籍出版社，1982年，第14页，"西山，府西三十里太行山首，每大雪初霁，积素若画，为京师八景之一，曰西山霁雪" [清]徐珂编撰：《清稗类钞》（第一册），中华书局，1984年，第135页，"西山在京西三十里，为太行之首，峰峦起伏，不计万千，而一峰一名，闻者不易志，知者不胜道也"

[2] [明]蒋一葵著：《长安客话》，北京古籍出版社，1982年，第52页，"西山，神京右臂" [清]赵尔巽撰：《二十四史（附清史稿）》（第十一卷），中州古籍出版社，1998年，第476页，"西山脉自太行，为神京右臂"

北京西山是中生代燕山运动隆起后，又经新生代喜马拉雅运动上升的山地和丘陵，地质遗迹众多，优质煤炭等矿产和建筑材料资源丰富，是我国培养自己的地质学专业人才和自主开展地质调查研究工作正式开始的地方，1920年由中华民国农商部地质调查所出版的中英文版"地质专报甲种第一号"《北京西山地质志》是我国第一份地质调查成果。西山堪称"中国地质学的摇篮"，马兰黄土、军庄灰岩、青白口系、下马岭组、窑坡组含煤地层、龙门组砾岩、髫髻山火山岩、芹峪运动等许多源于北京西山的地质名词具有世界意义，很多地层、地质现象、地质构造运动遗迹已成为闻名中外的经典和热点研究对象。西山拥有众多著名山峰，还分布有丰富的冰川遗迹和地下溶洞，河湖水系和动植物资源也非常丰富。2006年联合国教科文组织正式批准"中国房山世界地质公园"并授牌。西山是北京的生态屏障，山水生态构成西山文化的重要基底。

从大的地理单元看，北京位于华北平原旱地农业经济文化区、内蒙古高原牧业经济文化区、东北松辽平原狩猎采集经济文化区这三大地理单元和经济文化区的交汇之处，华北平原与黄土高原的过渡地带。在古代，华北平原多湖泊湿地，而太行山东麓山前地带地势较高，便于通行，久而久之形成一条南来北往的大道，古代大道的北端在蓟城（北京城的前身）。蓟城往西北经南口至张家口，再至内蒙古高原，往北经古北口至内蒙古高原或经承德至东北平原，往东经喜峰口及山海关至东北平原。北京独特的自然地理区位特征使其有着独特的交通地理区位和政治地理区位，自古以来就处于燕山南北与太行山东西文化交汇交融的前沿地带，并逐步成长为多民族文化交融的北半个中国以及整个中国的都城。

感怀历史，北京西山文脉悠长，其发展是一个文化不断层累的过程。西山有北京最早的旧石器时代遗址，是生活在70万年至20万年前的"北京人"的故乡，拥有周口店新洞人、田园洞人、山顶洞人等丰富的旧石器时代晚期遗址，以及东胡林人、镇江营等农业文明肇始以后的新石器时代遗址，有北京最早的水利工程——曹魏时期的戾陵堰、车厢渠，有始建于西晋、北京现存最古老的寺庙潭柘寺（初名"嘉福寺"），有始建于隋末唐初、世界上保存石刻经版最多的寺庙云居寺及延续千年刻制的大量石经、纸经、木版经，以及戒台寺、八大处、卧佛寺、万佛堂等辽金以前的众多遗产遗迹。至辽金时期，北京先后成为辽的陪都南京、金的都城中都，地位不断提升，北京西山地区的发展随之大大加快了速度。历代西山木石和煤炭等资源的开采，京西古道的开辟和不断拓展，使得西山成为北京城市建材和能源的重要供给地，成为联系北京城市和京西地区、冀西地区、山西高原、内蒙古高原的重要通道和文化纽带。

辽代，北京作为陪都，开始了皇家文化与佛教文化的融合，西山地区出现了上方院、清水院、香水院、白瀑寺、灵光寺佛牙舍利塔等一批寺院建筑。此外，北辽皇帝耶律淳死后葬于香山。

金代，北京成为北半个中国的都城，皇帝常巡幸西山，在香山、玉泉山、仰山、驻跸山等处建起多座行宫和寺院，形成著名的"西山八院"。金代"燕京八景"西山占两处，即"西山积雪"和"玉泉垂虹"。金代在西山脚下修筑了金口河和玉泉引水工程，并在沿山一带建起众多墓园。这些奠定了西山"山水与禅宗相融合"的皇家文化根基。

元代，北京成为全国的政治中心，兴建了新的都城元大都。郭守敬先是主持重开金口河运西山木石建设大都城，后又主持修建了通惠河，汇集西山泉水引入大都，解决大都漕运用水，使漕船得以进入大都城内。同时，开辟金水河，将玉泉山泉水引入大都城内。皇帝在西郊修建了大护国仁王寺、大承天护圣寺等多座皇家寺庙以及行宫，铸造了卧佛寺的铜卧佛。西山脚下的瓮山泊（今颐和园昆明湖的前身）成为大都郊外著名的游览区，海淀逐渐变为郊居胜地。

明代，西山范围内开始形成不同的文化景观区域。山前平原成为园林宜居区，海淀附近"稻畦千顷"，形成宛若江南的水乡景色，达官贵人在此建设园林别墅。沿山一带出现多处墓葬陵园区，不仅葬有200多位王爷、公主、嫔妃，还有景泰皇帝朱祁钰的陵寝，留下许多以"府"为名的墓园地名。山地成为寺庙风景区，明代太监在西山兴建起大量寺庙，明人诗句"西山三百七十寺，正德年中内臣作"，就是其写照。此时，西山文化景观初具规模。

清代，在西山和山前平原建起以"三山五园"为代表的大型皇家园林区，先后兴建静宜园、静明园、畅春园、圆明园、颐和园等十余座御园以及大量赐园。清帝大部分时间在此居住和理政，"三山五园"成为紫禁城之外的另一处政治中心。清代，碧霞元君朝拜成为京津及周边地区规模最大的民间朝拜活动，京西妙峰山成为重要的朝拜中心。

近代以来，西山地区成为中外文化交流的场所和红色革命根据地。中法大学最早立足西山建立中法大学西山学院。法国诗人圣-琼·佩斯在此创作了《远征》，后来获得诺贝尔文学奖。革命先行者孙中山先生逝世后，曾停灵于碧云寺。不畏艰险、无私支持中国人民抗日斗争的法国医生贝熙业在西山建房居住、诊治百姓，帮助从北平城往平西根据地运送药品。抗战期间，中国共产党领导的抗日武装在西山与日寇进行了顽强的斗争，留下不少抗战遗迹，这些遗迹构成了一幅波澜壮阔的红色历史画卷。

全国解放前夕，1949年3月中共中央和毛泽东同志从西柏坡进京，进驻香山，这里成为向中国人民解放军发出向全国进军号令和筹划开国大典等重要历史事件的发生地。这里有双清别墅、来青轩等中共中央在香山的革命旧址，今年9月又建成了香山革命纪念馆，它们共同构成香山革命纪念地。香山是承载中国共产党伟大革命精神的重要红色纪念地。

中华人民共和国成立以后，西山具有了彻底的人民性。石景山脚下形成的大型钢铁厂，如今成为重要的工业遗产。山前地区出现了一批优秀的近现代建筑。西山地区集中了全市80%左右承载着丰富民俗文化的传统村落。各类各级风景名胜区、自然保护区和人民公园的建设，推动西山成为北京市民休闲、览胜和度假之地。

北京西山历经沧桑演变，其自然山水生态本底为西山历史文化资源提供了物质基础，留下了宝贵的文化遗产，蕴藏着丰富的首都文化，包括源远流长的古都文化、丰富厚重的红色文化、特色鲜明的京味文化和蓬勃兴起的创新文化，成为北京的生态之基、文明之源、历史之根、文化之魂，是多民族文化交汇融合、兼容并蓄的中华文明源远流长的伟大见证，承载和表征着"天地人和"的中国传统文化价值观，成为北京文脉传承、乡愁寄托的载体，是北京历史文化名城的金名片，是京津冀协同发展的重要纽带。

为了"展西山古今风采，扬中华优秀文化"，北京联合大学应用文理学院、北京学研究基地、三山五园研究院与北京出版集团合作，策划选题，组织地理学、历史学、考古学、城乡规划、汉语言文学等相关学科专业的老师，在所承担各级各类研究课题成果基础上，撰写出版"西山文脉"丛书。本套丛书是北京学高精尖学科建设的阶段性成果，共10册，包括《三山五园（上）》《三山五园（下）》《文化情缘》《名流荟萃》《古刹寻幽》《烽火印记》《古村古韵》《诗文印象》《乌金留痕》《非遗传承》。每册图书平均字数10万字左右，图片100多幅，力求图文并茂，生动有趣，从各个专题的角度，梳理和挖掘西山丰富的文化资源，展示西山深厚的历史底蕴和文化内涵，讲好西山故事，讲好北京故事，让西山文化发展有源、传承有绪。

张宝秀　张景秋

2019年9月

【绪　论】

　　北京京西门头沟、房山地区，风景秀丽，群山环绕，山中蕴藏着丰富的煤炭资源，当地百姓称之为"乌金"，即黑色的黄金，故有"西山之中，遍藏乌金"的说法。

　　京西采煤已有近千年历史，素有"发轫于辽、金之前，滥觞于元、明之后"之说。中华人民共和国成立后，京西煤炭开采进入了辉煌灿烂的时期，成为全国重要的无烟煤生产基地之一。该地所产无烟煤具有低硫、低磷、低氮等特点，是洁净、环保、优质的无烟煤，产品广泛应用于冶金、电力、化工、建材等工业行业，除供应国内市场，产品还远销日本、韩国、巴西等国际市场。目前，在产矿井有木城涧、大台、大安山三座，隶属于京煤集团，到2020年将陆续停产，退出北京矿业历史的舞台。

　　近千年的煤炭开采中，乌金从地下被源源不断地采掘而出，在京西这片山林中留下的不仅仅是高耸的厂房、神秘的地下矿井，还有在千百年开采中因煤而兴的村镇、古道、铁路、矿山文学、文艺曲艺、采掘工艺等宝贵的工业文化遗产，这些宝贵的遗产值得人们进行保护。

陈媛媛

2019年10月

乌金留痕

第一章　手镐刨挖的岁月

在世界各国首都中，拥有煤炭资源的并不多见，北京作为中华人民共和国的首都，地理位置得天独厚，煤炭资源丰富且煤质优良。由于北京煤炭资源主要分布于京西，因此说，京西煤业的发展史就是一部北京煤业的发展史。京西采煤历史较早，辽金时期就有采煤用煤的记载，元大都建成后，京西一度成为全国煤炭开采规模较大、产量较多的地区。近现代以来，帝国主义列强纷至沓来，争相掠夺京西煤炭资源，京西煤业千疮百孔。土地革命、抗日战争和解放战争时期，在中国共产党的领导下，京西矿工为了民族的独立和解放展开了不懈的斗争。中华人民共和国成立后，京西煤炭产区成为全国五大无烟煤基地之一，全国十大煤炭生产基地之一。改革开放以来，京西煤炭工业进入了持续、稳定、健康发展的新阶段，为首都的生产生活、社会发展做出了卓越贡献。进入21世纪，为服从服务首都城市功能定位，京西煤炭工业转轨转型，正在逐渐退出首都能源的主要供给位置。京西煤业是怎样走过一个又一个年代，为首都建设提供能源的呢？这一章我们将一一回顾京西煤业在各历史时期的采掘情况。

一

古人如何开采煤矿

介绍京西采煤之前，让我们先简单了解一下我国煤炭开采的历史。史料记载中国自汉代起开始采煤用煤，但并不普及，宋朝之前民间百姓多用木材做燃料，与煤炭相比，植物类燃料更易获得。到了宋朝，中国北方成为煤铁资源重合的能源基地，甚至有学者形容"宋朝政府对矿冶业的开发

具有一种近乎资本家的热情"。宋朝对煤炭使用的普及程度，从南宋初年庄绰《鸡肋编》卷中记载可得知："昔汴都数百万家，尽仰石炭，无一家燃薪者。"宋朝后，煤炭正式进入历史主流舞台，不仅于严寒中拯救了成千上万老百姓的性命，也推动了中国古代矿冶业等工业生产的快速发展。在清末以前，中国煤炭的开采方式未引入任何机械化的设备，采煤主要靠人力挖掘，用具极其原始，提升、排水、通风等工序也皆由人力完成，运输靠人力畜力，实属手镐刨挖的岁月。

（一）采掘

古代采煤，亦称攻煤、伐煤、凿煤等。清末之前，古人是如何采煤的呢？宋应星所著《天工开物》中记述了当时采煤的方法："凡取煤经历久者，从土面能辨有无之色，然后掘挖，深至五丈许方始得煤。"那时，尚没有地质勘探的概念，人们发现煤炭的方法主要是凭借经验直接观察环境，包括观土层、查煤苗、视草木等，还有辨土色或根据煤炭与地表的植被关系来发现煤炭的方法。依据煤炭资源赋存的地质地理条件不同，古代煤窑的形态分为直井、斜井、平硐三种，煤炭位于平坦开阔之地则多采用直井和斜井的形式开凿；位于山区则多为平硐形式。采煤方法则有坑道式采煤法、跳格式采煤法、掏槽落煤法三种。

小知识：古代煤窑的探测方法

1.观土层：通过观察土层颜色初步判定可能藏煤的区域。

2.查煤苗：在观土层初步圈定的范围内，寻找埋藏较浅煤炭处进行试采。

3.视草木：依据地面植物颜色的深浅来判断地下煤层的厚度，还有的依据矿物共生的原理寻找煤炭。

古代煤窑的采掘方法

1.坑道式采煤法：这种方法没有形成完善的开拓、采煤系统，多是以掘代采、采掘不分，采掘方式极其粗犷，效率低且易发生事故。

2.跳格式采煤法：这种方法较坑道式采掘法较精细些，先内后外，先突破一个点，再向两边挖掘，自然形成瓶袋状的工作面，采掘工作空间也更大些。

3.掏槽落煤法：也叫残柱式采煤法，这种方法适用于煤质较硬地区。具体方法是先把煤层底部掏空，预留一些煤柱作为临时支护顶板，最后再捅倒煤柱，使煤炭落下。这种方法较前两种方法出现得更晚些，主要用于明清时代。

宋代的采煤巷道，巷道随着煤层起伏，断面呈现不规则形状，零星的木支护，油灯明火照明，依靠自然通风。一般都是将一个煤井往下挖得很深，然后在下方往四周挖，上面的人把煤用龙把往上拉，可以说非常原始。古时绘制的开采剖面图中，清清楚楚描绘出了毒烟气的排口，索及文字："初见煤端时，毒气灼人。有将巨竹凿去中节，尖锐其末，插入炭中，其毒烟从竹中透上。人从其下施锸拾取者，或一井而下，炭纵横广有，则随其左右阔取。其上支板，以防压崩耳。"

古时候，煤矿主都会将一个鼎放在矿井的入口，你能猜到它的用途吗？煤矿主告诉每一位下井的矿工，只有将银子放于鼎内，才能保其平安，矿工们无奈之下，只好把仅有的银子放入鼎内。其实，这就是一个煤矿主剥削矿工的工具，银子最终都落入矿主手中。

临摹《天工开物》（笔者手绘）

（二）照明

　　古代井下多用松脂、麻束、油灯、松木条、火香等明火照明，使用铁、铜、陶、瓷等质地的器皿如罐、壶、碗、盘等盛油。这些器皿里装有用棉花搓条成捻的灯芯。油灯有固定式、便携式两种，固定式为在巷道两侧的墙壁上开凿置放油灯的灯龛，便携式一般放在采煤人员的头顶。

（三）通风

　　煤矿事故中较多的起因除了矿井坍塌外，最多的应该是井下通风不良引起的有害气体中毒。因此，即使在井下作业条件十分艰辛的古代，通风也是安全采煤的重要环节，古代运用自然通风和人工通风两种方法将井下

产生的瓦斯等有害气体排出。

自然通风法：即利用井下与井外空气温差形成对流，设置各种设施促进井下热气流上升，再通过开凿的通风口排出。如在矿井巷道一侧凿砌通风道，或直接在已开凿的巷道上方的适当位置开辟通风井，形成两个井筒，一个用于回风，一个用于进风。有时为了增加空气对流，还需在井口设置炉火。

人工通风法：主要是利用中空的筒状工具插在巷道中，形成送风筒。这些风筒多是将苇席、荆笆、粗布等卷成筒状，节节相连，外面涂抹上黄泥加以固定，一端扎在风车扇风口，另一端通往井下采煤工作面。

（四）运输

从古到今，在煤炭产业链条中，运输都是极其重要的一个环节，它就像煤炭产业的一个瓶颈，如果打通了，则煤炭资源将如洪水般涌向各个领域，如果未通将成为遏制煤炭产业发展的一个重要因素，后面的章节中我们将会详细讲述关乎京西煤炭产业命运的房山高线、京门铁路的建设过程。古代没有机械化、现代化的交通及运输工具，只能依靠人力畜力，运输也会形成比较固定的运道和流向。

总之，在清末以前的古代社会，中国的煤炭生产以手工为主，无论是凿井、开拓、采煤，还是汲水、运输，几乎全赖人力。古代手工挖掘的方式很难向煤层的深度和广度拓展，大大限制了煤炭产业的发展，并且古时煤窑安全多得不到保障，工作环境也十分恶劣。

古代采煤工具（笔者手绘）

（五）清代之前的西山采煤

清代之前，京西煤炭挖掘情况又是如何的呢？北京采煤素有"发轫于辽、金之前，滥觞于元、明之后"之说。在门头沟区龙泉务村的辽代瓷窑遗址考古挖掘中，曾多次发现用于烧瓷的煤渣。金代，北京作为中都，民间已有以煤为燃料的暖炕。元代，统治者在北京建起大都城，北京成为中国的政治、经济、文化中心，人口日益稠密，用煤十分普遍，对煤炭的需求量大增。煤炭已被制成煤球放入铁煤炉内烧用，北京的西山地区成为当时全国较大的煤炭生产基地之一。元至正二年（1342年），朝廷从永定河

金口修造运河至北京城内，用以运输西山木、石、煤炭资源，煤炭课税也成为皇室的重要收入。著名意大利旅行家马可·波罗久居大都，曾将大都百姓用煤的情况编写进他的著作里。到了明代，北京采煤业进一步发展。顾炎武所著《天下郡国利病书》中引用《大学衍义补》语："京城百万之家，皆以石炭为薪。"明代成化年间，京西寺庙与采煤业主发生矛盾，皇帝敕建禁谕碑，不许在净明寺、戒台寺附近采煤。万历年间，矿税繁重，曾激起北京民窑业主与窑工的联合反抗，他们结成队伍拥进京城，一时"鳖面短衣之人，填街塞路"，震动朝野，被誉为"北京劳动群众最早的游行"[1]，迫使朝廷不得不更换了管理西山的煤监官员。随着京师对煤炭的需求不断增加，朝廷对西山煤炭生产也倍加重视，曾多次免征和减征西山煤炭赋税。

二

清代西山煤炭开采

到了清代，随着生产力的提升，全国煤炭需求量越来越大，京师采煤用煤更是受到朝廷的重视。清康熙三十二年（1693年），康熙皇帝明确指出："京师炊爨均赖西山之煤。"乾隆皇帝在数十次谕旨中指出，煤是人民生活的必需燃料。清乾隆二十七年（1762年），朝廷对北京西山煤窑进行统计，旧有煤窑750座，废闭煤窑120座，停歇煤窑440座，在采煤窑273

---

[1] 邓拓著：《燕山夜话》，北京十月文艺出版社，2010年

座，详见表1。为了更好地开采西山煤炭资源，康熙皇帝决定"将于公寺（今香山碧云寺）前山岭修平"，并由工部和户部派官吏进行勘察，将所需钱粮确算具体。

表1 乾隆二十七年西山煤窑数统计

地区	旧有煤窑数	废闭煤窑数	停歇煤窑数	在采煤窑数
近京西山	80	70	30	16
宛平县	450	/	330	117
房山县	220	50	80	140
合计	750	120	440	273

资料来源：彭泽益编《中国近代手工业史资料》（第一卷），第320—322页。

清代采煤工艺仍延续古代的手镐刨挖、人力背拖、口袋运输、油灯照明，依靠自然或人工通风、排水。在西山进京路上，运煤的驼马驴骡络绎不绝，成为京西特有的景观。

（一）驼铃叮咚

"清晨，老北京的城门一开，伴随着'叮叮咚咚'的驼铃声，骆驼队满载着门头沟的煤走进北京城，开始了一天的贩运工作。到了傍晚，踏着夕阳的余晖，骆驼队又伴着铃声渐渐远去……"如今这样的画面，在京城早已不见，百姓家家户户都用上了清洁能源，但在以前，这样的运煤场面却是每天必会上演的一幕。因为在当时，煤炭不仅是百姓生活的必需品，更是发展经济的重要资源。

据史书记载，西山开凿出数不清的煤炭，煤炭再由煤工制作成煤砖。成批的煤块和做好的煤砖用柳条编制的筐装起来重重地压在驼峰上，驼队经由京西古道将煤炭运出西山，再过阜成门进入北京城，运煤的骆驼昂首阔步、稳稳当当地走在北京的街头。"凿断山根煤块多，抛砖黑子手摩挲。柳条筐压高峰处，阔步摇铃摆骆驼。"一首佚名的清代北京竹枝词简单形象地描述了这番景象。阜成门即为明清时期骆驼运煤进城的重要通道。阜成门和西直门是北京城西边的门，阜成门走煤车，又称"煤门"。当时门头沟一带盛产煤炭，北京城里用的煤几乎全是从这一带产出运进来的。门头沟产的煤要运进北京城里，走阜成门是最近的。阜成门城楼门北侧镶砌一镌刻梅花之石条，以"梅"喻"煤"，故有"阜成梅花"的美称。这些梅花雕刻精美且栩栩如生，到飞雪飘舞之时，梅花与白雪一静一动相映成趣，是京城冬季里特殊的景致，当时便有"阜成梅花报暖春"的词句。而西直门上则刻有水波纹，意为走水车，故又称"水门"。

据明代户部编纂《万历会计录》中记载，仅门头沟境内就有70多座直属皇宫的煤窑产业。而对很多门头沟人来说，煤有着更深刻的意义。当地的很多"60后""70后"甚至"80后"都可以说是矿工的子弟。门头沟煤有什么不一样？京城那么多地方产煤，为何最终选了门头沟煤作为供应京城的"指定用煤"呢？曾经在矿上工作的老矿工刘老爷子回忆那段岁月说道："门头沟产的煤都是优质的无烟煤，比别的地方的煤热量大，是普通烟煤的好几倍，原来可是宫廷专供呢！最早挖矿特别辛苦，一大早便背着箩筐深入黑不见底的井下，将蕴藏在地下的'乌金'挖出，再背到井外，送到京城，那才叫起早贪黑。"

煤挖出来了，如何运输呢？老北京运煤的交通工具主要是骆驼队，驼队主要集中在秋、冬、春三季工作。每天清晨卯时，运煤的骆驼排着长队走过街道，颈上的铃铛摇摆晃动，叮当作响。这种专门运煤的骆驼，被时人称为"煤骆驼"。骆驼性情温顺，步履迟缓，行走如牛。但它的负重力强，每天能载三四百公斤的货物，又耐饥渴，日行四五十公里不用饮水喂料。煤窑主要集中在京西门头沟、大台、斋堂等地，旧时有很多小煤窑，当时没有大路，不能直接到达小煤窑处，骆驼便成为这一地区特有的主要交通运输工具。当时饲养骆驼的"驼户"多数集中在京西三家店、军庄、大峪、龙泉务等村和八角、鲁谷、衙门口等村。骆驼从13世纪元大都城建成起，同北京人共同生活了近800年，现在我们要想见这些老朋友，只能去动物园了。

"后来矿上有了先进的采煤工具，过去的老矿经过技术改造，矿工不再需要将煤背出矿井，而是改为了轨道和小车作业。"老矿工刘老爷子说。

为了改善北京的交通，阜成门已经在20世纪50年代被拆除了。现在，阜成门原址已建起现代化的立交桥，找不到一点当时的痕迹。为了记载阜成门"煤门"这段历史，现阜成门立交桥下建有顺城公园，公园内有记载阜成门与门头沟之间过往运煤故事的碑石，而公园内的一组骆驼雕塑更是诉说着那段"驼铃叮咚"的岁月……

到了19世纪末20世纪初，京西出现了一批中外合资煤矿。其中，门头沟煤矿的前身——1920年在此成立的中英合办门头沟煤矿公司成为当时北京最大的矿井，京西煤炭开采正式告别手镐刨挖的岁月，这段历史我们将在后面的篇幅中详细讲述。

记载阜成门与门头沟煤之间过往的碑石

骆驼雕像

（二）奴役窑工

随着煤炭需求量的增大，煤窑数量的增加，从清代开始到民国，煤窑奴役矿工的事件愈演愈烈，虽然政府采取各种措施，但无法从根本上解决问题。民间传说，康熙皇帝因听说京西门头沟一带的煤窑老板把苦工诓骗下井，在里面没日没夜挖煤一事后，便扮作普通人跟着下井查探证实，结果发现确实如此，但自己已被囚禁于井下做苦工出不去了，于是康熙皇帝咬破手指在煤炭上写下一首诗："真龙被困关门窑，过街塔下好心焦。血染煤石传圣旨，快快还我大清朝。"后有官员在景山煤堆上看到此诗，立即派人上山找到了康熙皇帝，并查封了煤窑。这个民间传说的康熙微服私访内容想必是假的，但煤窑老板奴役矿工的事实一定是真的，或许坊间想通过这样的故事威吓一下煤窑老板，告诉他们说不定哪天，真的有皇帝过来制裁他们。

被困煤窑愁容不展的康熙皇帝（笔者手绘）

清嘉庆四年（1799年）十二月，朝廷曾颁发上谕，称"西山煤窑，最易藏奸。闻该处竟有匪徒名为水工头者，往往哄诱良人入窑，驱使残恶致毙。"随后顺天府会同步军统领衙门，派人严密查访，按律治罪。严打之下，西山窑奴之境遇，暂有改善。然而积重难返，肃清个案并不能根治京西黑煤窑的顽疾，好景不长，21年后的清嘉庆二十五年（1820年）秋，京西又出现大量诱拐百姓入窑的事件，《五台徐氏本支叙传》将此次清朝官员徐寅第解救窑奴的事件记录了下来：

宛平西山有门头沟（即今北京门头沟区），京城所用之煤，皆产于此。大小煤窑200多所，开窑者遣人于数百里外诓雇贫民入窑挖煤，晚则驱入锅伙。所谓锅伙，即窑工宿食之地，垒石为高墙，加以棘刺，人不能越，相当于黑牢。这帮窑工也有象征性的工钱，但只够抵两餐狗食样的饭费，一无所余。有倔强或欲逃的工人，窑主以巨梃毙之，尸体也不收殓，直接压在巨石下，待山洪大涨时，尸骨就冲入桑干河，泯灭无迹。所有窑工中，最凄凉的是"水宫锅伙"的窑工，他们负责在黑暗森冷的窑洞里排水，夏月阴寒浸骨，死者相枕藉，生还者十无二三，尤为惨毒。徐寅第奉檄往查，骑一健骡，随兵役数人，遍历各窑。于是"各锅伙遭锢之煤丁，悉羴然投出，窑户不敢复禁"。徐寅第又检得近日被窑主殴毙的工人之尸"律究拟抵"。更禀请禁革水宫锅伙，毁其垣屋。同时规定，各窑主必须造窑工名册，政府派巡检分四季勘查。窑工有死者，须立即报官诣验，否则治其罪。行文至此，徐继畬不无乐观地说："积年惨毒之害，一旦革除，煤丁皆欢呼额手"，即纷纷拍手称快[1]

---

[1] 薛毅著：《晚清煤矿的兴起及其影响》，《湖北理工学院学报（人文社会科学版）》，2018年1月3日

然而痼疾难医，彻底革除黑窑并不是容易的事，从清朝到民国，黑窑奴的问题都没得到彻底的解决，多半或禁而不止，或卷土重来。窑奴也并不限于北京西山，湖南、河南、陕西、山西等地都相继涌现。除了黑煤窑难以剔除之，采煤业中的腐败现象也是屡见不鲜，最终朝廷官员、黑心窑主、凶残打手、投机倒把之人联手共同蚕食穷苦窑奴的血汗。掌握权力和财富的一方随心所欲、毫无人性地榨取窑奴的血汗，申诉无门的窑奴只能被迫承受被侮辱与损害的命运。

（三）清末的煤矿

清道光二十年（1840年）第一次鸦片战争之后，帝国主义用炮舰轰开清朝闭关锁国的大门。北京丰富的煤炭资源，加之距天津港口较近的地理位置，自然引起西方列强的觊觎，随着西方列强强迫中国签订一系列不平等条约，外国资本终于冲破清王朝对畿辅重地的防卫，纷纷拥入北京掠夺煤炭资源，同时也带来了先进的采煤技术。封建统治者中的洋务派，也积极地在繁华的北京附近开矿，兴办国家军事工业和民用工业。一时间，中外资本对在北京开采煤矿一事趋之若鹜。19世纪60年代，英国驻华公使正式向清政府提出在北京采煤的申请，德国、美国、意大利、比利时等国也提出在北京开办矿山、修筑运煤铁路的请求。

清光绪五年（1879年），门头沟出现了由民族资本开办的通兴和中兴等矿窑。19世纪末，通兴和中兴两座矿窑分别聘请英国人担任技师，均采用锅炉蒸汽为动力，用于矿井提升。从此，北京煤矿开始采用机械为动力。1883年，清政府在北京开办西山煤矿。清末民初，在北京门头沟先后

出现了中美合办通兴煤矿、中德合办天利煤矿、中英合办门头沟煤矿等。其中门头沟煤矿使用风钻打眼，黑火药爆破，井下铺设铁轨道，采用矿车运输，自1923年正式投产后，发展成为当时北京规模最大的矿井。

清末民初，北京先后修筑了周口店运煤铁路、坨里运煤铁路、门头沟运煤铁路、房山运煤高线以及门头沟公路。20世纪20年代，门头沟地区又修筑了门斋铁路，便于京西矿区生产的煤炭大量外运销售，极大地促进了北京煤炭工业的发展，随后在京西深山区又出现了一大批规模较大的矿窑。

政府官办煤矿始于清朝末年，而促成政府决心实行煤窑官办政策的契机是19世纪60年代的中国掀起的一场"富国强兵"运动——洋务运动。这次运动针对清末国力的衰落，试图通过开展新式外交、军事和教育活动，还有创办包括煤矿在内的新式企业等策略，整顿清末颓废的朝政，进而提升国力。从1867年开始，洋务派就数次上表朝廷，要求政府实施官办煤矿政策，收回煤炭开采经营权，进而整治杂乱不堪的煤炭开采业。但多次上奏未果，直到七年后，清政府才批准试办，一改此前"悉听民间开采"的态度。煤炭资源的管理政策改为官办、官督商办煤矿制度。此后，从1875年到1894年甲午战争前近20年里，洋务派先后开办了15处新式煤矿，其中"官办"6处、"官督商办"9处。这批煤矿的兴建和投产，为中国近代煤矿业的发展奠定了基础，也促进了中国近代工业的发展。

19世纪末，第二次工业革命的完成，实现了由蒸汽动力到电力的转变，电力能源的应用更高效、更便利，促进了社会生产生活各方面能效的提升。1895年中日签订《马关条约》后，外国资本主义迅速侵入我国各领域，作为工业粮食的煤炭产业首当其冲成为西方列强竞相搜刮的目标。大量外国资本家凭借侵略特权在华投资办厂。面对西方列强在中国大肆开办煤矿厂的行径，中国各界爱国人士掀起了"收回矿权""设厂自救"的群众运动，一些

较有远见的中国官员和绅商甚至发出了"实业救国"的呼声。

可以这样来形容清末煤矿的发展——在痛苦中前行，前行的每一步都饱含着矿工的血泪。西方侵略者虽带来了机械化的设备，却带走了更多煤炭资源。清末煤炭工业的发展对中国社会变迁产生了以下几方面的影响：第一，采用机器设备应用于煤炭生产，大大提高了效率，煤炭产量逐年上升；第二，带动了近代铁路的发展，随着煤矿开设数量与产量激增，高效便捷的铁路运输成为首选，当时铁路干线附近的煤矿大多修筑了从煤矿到铁路干线的运煤支线，如京张铁路支线、京门铁路就是这个时期修建的（在后面篇幅中我们会详细讲述）；第三，煤炭产业的发展带动了冶金、建材、电力、化工等工业的发展，无论是近代还是当代，煤炭都是中国工业动力的基础，从煤炭中提炼的焦炭对冶金工业的发展起到了至关重要的作用，中国化工业就是以煤炭为原料发展起来的；第四，推动了一批新式学堂的创办，如清光绪二十一年（1895年）创办的天津中西学堂（今天津大学）、清光绪二十五年（1899年）创办的南京矿务铁路学堂、清宣统元年（1909年）创办的焦作路矿学堂（今中国矿业大学）等，并选派留学生学习矿业方面的专业；第五，促进了中国城市化的进程，清末兴起的煤矿经过一段时间的发展大多形成矿区，继而发展为煤矿城市。

三

日军的掠夺采掘

1937年卢沟桥事变后，日本侵略军旋即占领京西矿山，对北京最大的中英合办门头沟煤矿实行军事管理，进行掠夺式开采，矿井受到严重破坏，井田更是千疮百孔。日本侵略军在占领区强行收买和售卖小煤窑炭，限制供应矿用器材和火工品，致使京西矿窑无法正常生产，矿窑数量急剧减少，矿工们逃荒要饭、流离失所。至1945年日本投降时，门头沟地区只有少数几座矿窑勉强维持生产，有的矿井还被日军炸毁。日本侵华期间，对京西的煤炭资源进行了疯狂的掠夺，古老的京西矿区蒙受了巨大的灾难。

（一）蓄谋已久，掌握矿产资料

日本的矿产资源非常匮乏，然而快速发展的近代工业需要大量的原料和能源。19世纪末，日本天皇制定了向国外寻求"富源"的政策，开始了对中国和其他亚洲国家的侵略和掠夺。清光绪年间日本曾几次试图勾结华商在西山开采煤炭，都被清政府及时制止；后又打着"帮助"中国勘查煤田的旗号，对斋堂及大安山煤田进行了调查；1920年以后逐渐得到矿业权；1939年开始在大安山、大台村采挖煤矿。日本在全面调查并掌握京西丰富煤炭资源情况的基础上，开始渗入京西的采煤业。1916年，日本臼井洋行与曾任慈禧太后御膳房总管陈熙武之子陈少武合资开办了中日杨家坨

煤矿有限公司。

　　1937年7月7日，日本侵略者发动了全面侵华战争。在"以战养战"的政策下，日军对京西的煤炭开始了大规模的掠夺。他们采用各种手段，逐步攫取较大煤矿的矿权，进而控制了整个京西采煤业的生产和销售。

　　白鸟吉乔为日本千叶县人，1898年生，东京帝国大学矿冶系毕业，1938年4月来华，在京西最大的煤矿中英门头沟煤矿任"顾问"。太平洋战争爆发后，白鸟吉乔开始担任该矿的军事管理人，对该矿及整个京西矿区开始了全面统治。

　　日本侵略者用各种手段攫取京西各大煤矿的矿权后，占有矿权的欲望并未终止，为了掠夺更多的煤炭，还利用自己了解京西煤炭储藏情况的条件，先后开了数座新煤矿，如大台煤矿，该矿管理者为日本矿业股份公司。1940年10月，该矿开凿大台平洞880公尺，正式开始采煤，同时在设备上用电动的绞车、水泵逐渐代替了蒸汽的绞车、水泵。夺取老矿，开采新矿，肆意占有矿权，成为日本侵略者对京西煤炭疯狂掠夺的前奏。

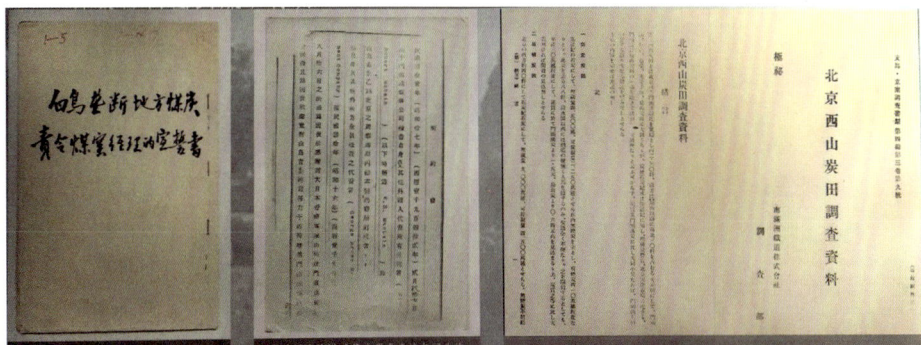

翻拍自京西煤炭博物馆，图为白鸟吉乔任"顾问"期间对京西煤矿的勘查报告

（二）血腥统治，残酷剥削矿工

京西矿区紧靠平西抗日根据地，日本侵略者占领矿区后，为防备八路军的进攻和矿工的反抗，保证煤炭生产，进行大肆掠夺，对各大矿都实行严密的军事管理，建立了大量军事设施。在门头沟煤矿，日本侵略者只顾掠夺，不添置一台机器设备，却用大量经费修筑碉堡等军事设施。据该矿有关史料记载：

1942年，皆为白鸟吉乔到矿后所建筑的东西的账单：内有碉堡、矿警所的费用，修日本职员和中国高级职员（房子的）费用，修围墙的费用，以及修煤池、医院等费用，其中用于修碉堡、围墙、矿警所的费用高达24000元[1]。

当时，矿区地面碉堡林立，井下日本人也随时监视工人的行动。曾有老矿工回忆道："日本人占据矿区那会儿，为了防止矿工逃跑，矿区四周全都拉着电网，日本人还专门派人到井下监视我们作业，每班都会有两个日军跟着，他们拿着羊角状的小锤子，发现哪个矿工略有怠工，就用锤子砸哪个。工人被打如家常便饭，甚至随时有被杀的危险。有位叫任满仓的矿工好练武功，为人又仗义。日本人毫无来由地怀疑他是八路军，就逼他承认，任满仓抵死不认，日军就把他抓到矿内的岗楼里严刑拷打，最终被迫害致死。还有日军在协中煤矿偶遇正在勘测的工程师鲍贵，也无端猜疑他是八路军，结果把他绑在一棵杏树上，用刺刀活活将他挑死。"

---

[1] 潘惠楼著：《京煤史话》，煤炭工业出版社，2009年

　　日本侵略者占领京西矿区后，对煤炭采取了野蛮的开采方式。井下开采留有一定数量的保安煤柱，是安全生产的必备条件之一，但日本侵略者统治下的京西煤矿，却把井下大巷边，甚至井筒四周的保安煤柱全部采空，造成井筒歪斜，留下许多安全隐患。[1]日军对京西矿区的疯狂掠夺，极大地缩短了矿井的使用寿命，同时还夺去了众多矿工的生命。"煤窑的饭，拿命换"，这是当时广大矿工命运的真实写照。上罐笼挤死、掉落井筒摔死、落顶砸死、炮崩死、触电死、淹死等，种种死亡的危险包围着矿工们，大量伤亡事故不断发生。1942年，门头沟煤矿产煤55万吨，虽是1949年前产煤量最高的一年，但同时也是该矿死亡人数最多的一年，这年仅领取抚恤金的因公死亡人数就达48人之多。该矿在1942年发生的一次冒顶事故中，就死了7个人。当时矿工朱凤江被埋在里面没有死，大喊救命，只管出煤的日本人非但不管他的死活，反而让工人们继续挖煤，矿工们坚决不干，他们用手把石头一点一点扒开，才把朱凤江救了出来。曾经有位老矿工回忆道："1944年的一天，井下突然发生透水事故，我和几十名工人被堵在里边，如果不关水闸门，我们都能跑出来。但日本人为保护井下的机器，怕耽误出煤，强行关上了水闸门，我和几名工友是侥幸从小煤窑的窑口里爬出来的，其他几十人都被淹死在井下了。"

　　恶劣的生产条件，吞噬了大量矿工的生命，而受害最重的还属童工。当时童工的工资只及成人矿工的一半，使用童工可获更大的利润，所以日军在京西各矿中使用大量的童工。据《门头沟煤矿史稿》记载，该矿在日占时期，童工人数一直占全矿工人总数的30％左右。长期的劳动艰苦，造成许多童工的身体畸形，十几岁的孩子看上去像小老头，他们幼小的身躯

---

[1]　中国人民大学工业经济系编著：《北京工业史料》，北京出版社，1960年

在死亡线上挣扎。有一首童谣讲的就是这些童工的境遇："厚铁板，窄又长，上边爬着个穷儿郎，饿着肚子把煤推，不知小命在何方。"另外，日本人还无限压榨克扣矿工的工资，已经到了无以复加的地步。1941年12月29日，白鸟吉乔在给该矿经理的信中曾写道："强壮成人每班能达一吨以上效率的每天两斤（粮食），绝对需要的儿童劳动每人每天一斤。"

（三）强取豪夺，民族工业惨淡

日本侵略者占领矿区后，对整个京西煤炭的生产、销售实行了非经济性的强制垄断，对民族资本进行了野蛮的压制和打击。据《华北新报》1945年7月12日登载："1942年，日寇军管，将中英门头沟煤矿公司更名为'军事管理门头沟煤矿公司'，白鸟吉乔为公司管理人，收买二百余家私人经营小窑之产，联合贩卖。"

为控制门头沟地区煤炭的销售，白鸟吉乔一上任就在门头沟设立了西新井收煤所，这个机构美其名曰"收购"小煤窑所产煤炭，实则是用极低的价格强买煤炭。白鸟吉乔曾召集门头沟区27座煤窑窑主参加"宣誓"大会，"誓言"的内容是窑主们承诺所产煤炭概不外运自销，全部售予日军管理的门头沟煤矿公司，如违背誓言，则会受到不同程度的惩罚。窑主们宣誓后，又被逼迫在"誓言书"上按手印。白鸟吉乔用这样卑鄙的手段在门头沟以低价共收购了百余家私人经营的煤窑所产煤炭，再转手加价售卖，从中坐收渔翁之利，赚得盆满钵满。史料记载从1943年初到1944年11月一共不到两年的时间里，日本人在京西收购走十余万吨煤炭，而这些煤炭都是被日本人低价买进再高价卖出，从中榨取了大量利润。

为抵制日本侵略者的强盗行动，门头沟的民族资本家们进行了强烈的反抗。1943年初，民族资本家胡仙洲组织一些小煤窑的窑主及煤栈的经理，集资成立了"宛平县门头沟煤业生产运销合作社"，要独立销售煤炭。但这个组织成立不久，就遭到摧残。同年3月，"白鸟吉乔将胡仙洲等十几名参加这个组织的窑主、煤栈经理押进宪兵队，以私通八路为名关押了他们十几天才放出去，迫使'第二组合'不得不解体"。[1]为了严厉禁止小煤窑产的煤自由买卖，日本人在门头沟地区各桥头路口都设立了卡子，派兵把守，不许小煤窑私自向外运煤。如有违抗就会被抓，并采取过电、灌凉水等酷刑进行惩处。日本侵略者的这种赤裸裸的暴行，严重损害了京西民族资本的发展，造成小煤窑大批破产和倒闭。1930年，门头沟煤窑已达562家，可到了1944年，倒闭者已达70％以上。[2]京西的民族资本主义工商业在日本占领时期陷入了最低潮。

（四）掠走煤炭，平津人民遭殃

日军占领北平后，更是大肆掠夺煤矿，为其"以战养战"的战略做好后盾。1938年4月，日军接管石景山制铁所，炼铁对煤炭有大量需求，这也加速了日方在门头沟组建煤矿公司的进程。日本川南工业株式会社派吉富重雄接管西山地区煤矿，并将其命名为"门头沟川南煤矿"。而后，日军又接管了多家大中型煤矿，还开设了一个网罗北京各区域煤矿的军企煤矿

[1] 中国人民大学工业经济系编著：《北京工业史料》，北京出版社，1960年
[2] 北京师范大学历史系三年级研究班编著：《门头沟煤矿史稿》，人民出版社，1958年

公司，其总部和大多数子公司均设在门头沟。由此可见，日军对门头沟一带资源的控制已到了无以复加的地步。

日本侵略中国的目的之一在于掠夺资源，北平沦陷期间，京西生产的大量煤炭被日本侵略者直接掠走。北京史志专家潘惠楼先生查阅了《北京经济》《世界日报》等大量文献，在其所著《京煤史话》中，详尽梳理了日本侵略者盗取京西煤炭的具体数据："门头沟煤矿开采的煤有65%被运至日本。"1947年11月23日，国民党保定绥靖公署军事法庭审讯白鸟吉乔时，他也供认每年华北地区都有大量的石炭输入日本和满洲。

京西大量煤炭被掠走，必然带来平津地区煤炭供应的严重短缺，给该地区的工业生产和人民生活造成极大的困难。"都市民众专以煤为唯一燃料无可代替，更兼电力机械一切工厂等消耗煤量非少数生产所能济事，溯自七七事变以来，华北各地无日不闹煤荒，而一般民众皆感有钱无处购煤之苦。"1944年冬，天气异常寒冷，平津两地市民急需煤炭取暖，但身为"北平煤炭组合理事长"的白鸟吉乔，却仍按上司旨意大量外运煤炭，从而造成平津两地严重的煤荒。据有关资料记载，当时北平的小学生们上学带块劈柴，大学生们要求早下课，还有的学校被迫停课。

白鸟吉乔称"三十三年（1944年）以前，煤价统由大使馆规定，三十三年十一月以后，改由日军司令部规定。"在煤炭短缺又被垄断的条件下，垄断者为获高额利润，必然会任意提高煤价。日本侵略者们正是如此。白鸟吉乔供认"三十一年（1942年）块煤每吨24元，原煤20元，煤末15元；三十二年（1943年）块煤每吨32元，原煤27.5元，煤末25.5元；三十三年（1944年）块煤每吨120元，原煤82元，煤末68.5元；三十四年（1945年）奉日军司令部命，提高煤价，平均各项煤价为300元一吨。"短短三年，煤价上涨了10倍，不知日本侵略者从中获得多少利润，掠夺了多

少平津人民的财富。

抗日战争胜利后，根据门头沟矿工和北平市民的举报，国民政府探知白鸟吉乔的藏匿地点，将其逮捕归案，关押于绥靖公署战犯法庭看守所。1947年11月29日，北平军事法庭对白鸟吉乔进行了公开审讯，白鸟吉乔闪烁其词，百般抵赖，妄图为自己的罪责开脱。经当堂对质，出示证据和证人，白鸟吉乔的狡辩未能得逞，被军事法庭判处死刑。侵略者得到应有的下场。

四

乌金上燃起的燎原星火

京西煤业工人有着光荣的斗争传统。京西矿工深受帝国主义、封建主义、官僚资本主义的剥削压迫，自诞生之日起，就有着勇于斗争的革命精神。中国共产党是中国工人阶级的先锋队，成立初期就非常重视京西矿区的工人运动。党组织选派人员深入矿区调查，宣传革命思想，建立工会组织，开展工人运动。京西矿工在共产党的领导之下，开展了多种多样的革命活动，为了民族独立和中国人民的解放事业，前仆后继、不懈奋斗，谱写了京西煤业历史上光辉的一页，为中国革命做出了重大贡献。

1937年7月7日，爆发了震惊中外的卢沟桥事件，日本帝国主义对中国开始了大规模全面进攻。日寇进入平西后，对煤炭进行了疯狂的掠夺，对矿工实行残酷的压迫，平西矿区进入历史上最黑暗的时期。1938年初，平西抗日根据地建立。在极其困苦的环境下，中国共产党以平西根据地为依托，领导矿工同日寇进行顽强的斗争。党领导平西矿区的斗争进入新的阶段。

解放战争时期，党组织在平西矿区得到迅速恢复和壮大。党领导的工人运动进入高潮。

1947年2月，国民党政府决定把门头沟煤矿的矿权"发还"给英国人麦边，消息引起矿工义愤，几百名矿工自发上街游行，要求政府收回"发还"矿权的决定。矿工的爱国行动赢得社会各界人士的大力支持，在广大矿工、社会各界人士的努力下，门头沟煤矿权终未发予麦边。1948年12月17日，石景山和平西矿区获得解放，门头沟军事管制委员会成立，工矿部接管了官僚资本性质的门头沟煤矿、城子煤矿，代管了有私人股份的西山煤矿、中兴煤矿，平西各矿均得到保护。1949年1月底，北平和平解放。1949年4月7日，北平市财经委员会在门头沟设立了平西矿务处，负责管理和监督私营矿窑的生产。

五

京西煤业文化陈列馆

全市首家以煤业文化为主题的博物馆——京西煤业文化陈列馆已在门头沟区大台街道正式开馆，面向公众免费开放。馆内九大板块细述京西煤炭前世今生。从京西煤炭分布到京西煤业缘起、发展再到京西煤业取得的成就等，多方面淋漓尽致地向观众详细展示了京西煤炭的发展历史。

第一板块用电子图示的形式展示了北京煤炭资源分布及煤业构成，陈列区则展示了京西各历史年代中的采煤工具，如罗盘、钻机、探矿锤等勘探器具，琳琅满目，光安全帽的形式就有十几种之多；第二至第四板块讲

述了京西煤业的缘起、发展，直到1949年前历经的种种艰难险阻。这个板块最有特色的部分是，用泥塑微缩景观还原了清代煤窑里的作业场景，逼真地再现了那个年代矿工艰苦的工作环境。另外，还展出了我国台湾地区留存的《中国煤矿档案》，从抗日战争时期侵华日军铅印的《北京西山炭田调查资料》到英方代表麦边与日军管理人白鸟吉乔签订的契约照片，用大量的史实展示了京西煤业历经的沧桑沉浮；第五至第八板块，详述了1949年后京西煤业的新生，展示了京西煤业由弱到强的巨变过程及取得的辉煌成绩。这几个板块集中展示了许多珍贵的原版图书、报纸和杂志的实物及照片，如1949年5月27日的《门头矿工》铅印创刊，北京煤炭工业第一部正式出版的志书《中国煤炭志·北京卷》等；第九板块归纳总结了京西煤业所取得的辉煌成就，以及京西煤业对整个国家、对首都北京及对人民群众做出的突出贡献。展区最后以《京西大地上的生态梦》作为结尾，留下了对未来美好的期许。

京西煤业文化陈列馆

乌金留痕

第二章　神秘的综采矿区

中华人民共和国成立后，政府十分重视对煤炭工业采煤方法的改革，对煤矿手工劳作方式进行了大幅度改革，变其为机械采煤方式。到1953年，北京煤矿已建起半机械化采煤工作面，1958年开始建设全机械化采煤工作面。"随着北京煤矿积极发展研究高新实用采煤技术，煤矿生产的科学技术水平得到不断提高。2008年，北京国有煤矿中，有综合机械化采煤工作面6个，高档普通机械化采煤工作面4个，综合机械化掘进工作面4个，全年机械化采煤产量占回采总产量的50%。原煤生产全员效率约相当于1949年的10倍。煤矿机械化开采、信息化管理工程技术广泛应用，部分矿井的生产、安全控制系统实现了自动化、智能化。"[1]

然而从手镐刨挖到半机械化，再到综合机械化采掘的改革之路却是十分艰辛的。半机械化采煤打眼使用电钻、木防护支架，不但掘进十分艰难，而且存在许多安全隐患。

老式的工作面是厚煤层分层开采的下分层工作面，打眼放炮落煤，人工装煤，刮板运输机运煤。支护方式通常为木支护和金属网架。头灯照明，矿井集中通风。在中小型煤矿和特殊地质条件的煤层中仍然采用上述工作环境。巷道的断面呈现比较规则的形状，顶板的状况也比较好，带帽点柱支护。没有照明设施，矿井集中通风，内设风门。巷道里的运煤车下面有钢轨，这样采挖下来的煤炭，可以快速运送出去。这种采煤方式虽然比之前的完全人工开采大大提高了效率，安全性也有所提高，但解决不了高处打眼问题，工人为便于高处打眼，有时会拆除木支护，增加了巷道坍塌的风险。

[1] 潘惠楼著：《北京煤炭工业60年发展述略（1949—2009）》，《中国矿业大学学报（社会科学版）》，2011年6月25日

半机械化采掘工作面的煤矿巷道示意图

　　现代化的综合采掘，谓之长壁式综合机械化采煤工作面，采用双滚筒采煤机落煤，刮板运输机、桥式运输机、胶带运输机接力运煤，液压支架支护顶板。实现了落煤、装煤、运煤、支护、放顶等多道工序的连续机械化作业，效率高、产量大、成本低、安全条件好、劳动强度低。两边的拱架随时可以支起来，用的是液压的支架，机器挖煤后直接上传送带，煤就被运出去了。边采煤边搭建支架，能确保地下煤层结构的稳定，而且钻头贴着煤墙，没有大的震动。

综合机械化采煤巷道（由京煤集团提供图片）

一

京煤集团

"1949年后，北京老百姓做饭、取暖烧的煤，基本都是京煤集团开采的。"1948年成立的北京矿务局（京煤集团前身），在北京的煤炭发展史上有着极其重要的地位。2001年由原北京矿务局和原北京市煤炭总公司合并重组成立的北京京煤集团有限责任公司，属国有独资大型企业集团。集团权属二、三级单位60多家，员工2.9万人。到2010年集团资产总额达250亿元，经营总收入突破100亿元。京煤集团先后被授予中国煤炭工业优秀企业、中国煤炭工业百强企业、北京市百强企业、北京市先进管理企业、北京市守信企业和中国企业文化建设先进单位等荣誉称号，并陆续通过了ISO9001质量管理体系、GBT28001职业健康安全管理体系和ISO14001环境管理体系认证。公司下属北京昊华能源股份有限公司成立于2002年，承担京煤集团的煤炭开采、洗选加工、出口、销售等业务。

北京昊华能源成立后用了短短十年时间，将公司业务从京西扩展到内蒙古，又从国内走向海外，资产总额由成立之初的7.9亿元上升到112.48亿元（统计至2012年），采煤机械化程度从零提高到76%。

公司从高档普采到综合机械化、从缓倾斜到急倾斜、到薄煤层综采，从易到难，全力推进采煤机械化，改写了京西采煤史，走出了一条复杂地质条件下的安全发展之路。

2006年9月底，全公司完成钻具改革，全面使用风动凿岩机打眼，工人不用背钻，减轻了劳动强度，提高了掘进速度，避免了空顶作业，也解决了掘进过程中的煤尘问题。煤巷掘进使用了几十年的电钻最终成为历史。

外埠煤矿厂区

　　进入21世纪后，随着北京生态环境建设的发展和煤炭生产经营秩序的整顿，北京市煤矿整合力度加大，改善煤矿生产经营机制，实施关井压产、控制煤炭生产总量。2006年，北京市共产煤768万吨。其中，京煤集团国有煤矿产煤492万吨，乡镇煤矿产煤276万吨。到2010年5月，北京除市直管京煤集团所属国有煤矿，乡镇煤矿全部关闭，核准年生产能力计520万吨。2014年，北京煤炭开采业只有市直管企业京煤集团一家，拥有煤矿6座，其中在京煤矿4座。京西五大煤矿中的长沟峪、王平村煤矿已顺利关停，剩余三大煤矿也将于2020年前依次退出。到那时，北京将不再有矿井，始于元代的近800年采煤史行将结束。

二

千军台矿

（一）古老的千军台村

千军台村在古村罗布的门头沟区知名度一般，随着旅游项目的开发，许多历史名村都在如火如荼地进行建设，其他村落的热闹景象在这里并没有出现。千军台村两面被大沟夹峙，位于门头沟区谷地较深处，地理位置对旅游开发造成了阻碍，随着矿区的撤离，这里或许将会消失在人们的视野里。让我们走进这个古老宁静的村落去看看。

千军台村坐落在从大山伸出的一块台地之上，其上有百十余个院落，其中不乏百年以上的老屋，这里的房屋大多是石板瓦片覆顶，青砖包角，山石垒墙。千军台村的西面是大寒岭，曾叫大汉岭，是古道必须翻越的山岭，更是历代兵家必争之地。据史料载，大寒岭在汉代便是匈奴与汉朝的交界处。唐天复三年（903年），契丹驻扎大寒岭以西，多马匹，节度使刘仁恭常过岭击之。每到霜降，刘仁恭下令趁夜黑烧掉大寒岭上的草，契丹因无草料导致战马多被饿死，后来契丹常以好马贿赂刘仁恭用以买草场。就在这大寒岭南坡脚下，有一东西向名为"清水涧"的山沟，沟中北侧有一块面积较大的台地，在明万历时已被称为"千人台"，顾名思义，其之前是屯兵的地方，清代改叫"千军台"，其意皆与驻军有关。

现今，村中人有李、刘、莫、杨四大姓氏。其中刘姓家族的传承人称自家祖辈于明朝燕王扫北后，从山西洪洞县大槐树底移民而来。村中老辈居民仍保持山西的生活方式，爱吃酸味食品，山上的野酸枣、杏果一直是

当地人的美味零食。

千军台是一个不算太小的村庄，有一百多户人家。居委会王主任说：年轻人早就下山去了，自从千军台坑煤矿关了以后，煤矿工人也到外面找出路，村子里的人就更少了，平日也就有几十个老人长住，在大槐树下聚拢唠嗑的几乎都是60岁以上的老人。

煤矿退休的老领导老孔告诉我们："每个周六，大台有一个集市，村民到那里去采购。大台离这里将近12公里，买点儿东西太不容易了！"

笔者在村口望着那棵古老的大槐树，不免为村子的命运担忧，这个因军事堡垒发展起来的村落，因开采煤矿繁荣起来的古村，似乎在一天天衰落下去，虽然政府支持的非物质文化遗产"古幡会"每年仍在表演，能热闹两天，但没有了年轻人的参与，又能坚持多久？

（二）落寞的千坑

千军台矿是门头沟最远的一个矿，隶属于木城涧煤矿，至今已有60年历史，人们习惯称其为"千坑"，现已关闭。"千坑"分海拔820米、930米和1150米三个地区，习惯称820、930和1150。生活区集中在820，采煤工作面主要在930和1150。

退休老矿工回忆：未开通公交车929路之前从城里到"千坑"要乘坐永定门火车站市郊火车（京门铁路）至门头沟方向的终点——木城涧煤矿站。这趟线沿线站多，火车的行驶速度极慢，像老牛爬，全程七八十公里要行驶4～5个小时，然后再坐半个多小时的汽车到山沟的尽头。

笔者调研那天正好赶上最后一批工人关闭矿井洞，他们的步伐虽悠

步伐悠闲却带着些许落寞的矿井工人

门可罗雀的矿工文化广场

闲，却带着些许落寞。带我们参观调研的原木城涧矿宣传部张书记回忆道：我从辽宁工程技术大学毕业后就被分配到木城涧千军台矿上工作，一待就是8年，这里留下了我的许多青春回忆，前面这个黑哥们儿小馆，是我们下班后每天都会来坐坐的地方，千军台矿距离村镇太远，交通不便，想在下班后有点业余生活往返的时间根本不够，只能来这里稍微娱乐一下，可多半也都是"哥们儿"……现在我偶尔也会带亲戚朋友来这里游玩，到后面的山上采山货。这里的生态环境太好了，如果你喜欢拍鸟的话来这里拍，红嘴蓝鹊、大山雀、沼泽山雀、三道眉草鹀、棕眉山岩鹨、黄喉鹀、星头啄木鸟等都很多。这边现在人来得少，只偶尔有些驴友来爬山、拍鸟，真是与世隔绝的感觉，特别的幽静自在，每次来这边都感觉是心灵的净化，当然也会勾起许多美好的回忆。

现今千军台矿进矿区门口已设置门禁，社会车辆人员已不能进矿区，只能看到"千坑欢迎您"几个锈迹斑斑的大字。

三

木城涧矿

（一）幽静的矿区

木城涧的名字可谓古来悠远，据史料记载，清朝时就有该地名。中华人民共和国成立初期，国家建立了京西矿务局八大煤矿，如今所剩无几，而木城涧煤矿依然挺立。木城涧矿地势高，相对比较封闭，走进矿区仿佛

进入一个大型的疗养院，周围景色宜人、环境优美，建筑外观简洁，布局在大道的两侧，看起来整洁又雅致。由于煤炭减产，工作内容减少，整个矿区格外的安静，若不是看到矿区坑口这样明显的标志性建筑，说这里是一个修身养性的世外桃源也不为过。走访调研时，笔者提到这里环境这么好，停产后运营公司是否考虑将这里进行旅游开发，规划成度假休闲区。陪同调研的张书记回答：许多投资公司来这边考察调研过，公司也是择优选择规划方案，最后敲定了建设国家级滑雪训练基地的项目，地下矿井隧道将作为室内训练场地，规格很高。这对木城涧矿来说是特别好的归宿。

木城涧矿区（由京煤集团提供图片）

木城涧矿区

（二）轮子坡的回忆

　　与其他煤矿一样，木城涧矿的绝大多数工人都是来自山南水北、五湖四海，为了生活，从事着光荣而又险恶、神圣而又艰辛的挖煤工作。他们被人称作"煤黑子"，自己在地下深处，受尽了冰冷与寒凉，却给世人送去了温暖；他们给世人带来了光明，自己却在满目黑暗的岩石煤炭的夹缝中难得见到阳光；他们延长了白昼，成就了城市的钢筋铁骨，自己却落得终身积患，贡献了美好人生。这就是用生命开采出光明，奉献出温暖的煤矿工人。浏览门头沟论坛网页，翻看门头沟人对矿区生活的记忆，笔者看到一篇题为《北京最高的天梯，门头沟木城涧煤矿札记》的文章，笔名为凡夫俗子的作者回忆了一段段曾经在木城涧工作生活的日子，顺着那些回忆，接下来我们就讲讲木城涧矿工们过去工作及生活的景象。

　　过去，木城涧矿区有一条"天阶"，也叫"轮子坡"，由318个水泥台阶搭建而成，依山而建，坐西朝东，斜卧在木城涧火车站西边的大山上，从南山根部大概成40多度的斜坡，向上直插西面山角入平台。"天阶"狭窄而又险峻，悬挂在崖壁上，不常走的人都会胆战心惊，只要是走过这条路的人都会对它刻骨铭心。过去只要是来过木城涧煤矿的人，恐怕没有不知道"轮子坡"这座新奇而又特殊的建筑设施的，没有比它给人印象更深刻的了。

　　关于木城涧矿区生活的回忆就让我们从"轮子坡"开始吧。"轮子坡"是一条连接工作区与生活区的必经之路，记载了木城涧煤矿过去熙熙攘攘的繁盛景象，是几辈矿工的生命历程之路。当年有不少老艺术家像侯宝林、马季、唐杰忠、小白玉双等，都曾踏上过这条路，带着党和政府对矿区工作者的鼓励和支持，带着老百姓的感谢和祝福，通过这条艰险的天阶，为矿工们

送去温暖、愉悦的精神食粮。

"轮子坡"的南面护墙外，还有几米宽依附天阶同行的土坡路，不是太平整。因为过去交通不便利，汽车运输也不发达，矿山里生活用品的输送只能靠牲畜来背驮，所以这条路主要是毛驴、骡子、马匹走的道路，留下了许多坑坑洼洼和京西古道上一样的"蹄窝"。再往南就是大山，半山腰处有一条小铁道线，每天一条条似黑龙般的煤罐车由小电机车拉着往返奔驰在矿井与煤仓之间，源源不断地将乌金运输出来。

"轮子坡"对面的大山根下，就是木城涧矿最大、最繁华的玉皇庙家属区，因有寺院"玉皇庙"而得名。

玉皇庙建于清代，具体年份记载不详。富丽堂皇的三座大殿坐北朝南，云集着南来北往虔诚的朝拜者，曾经鼎盛一时。

东面尚有三座古塔，周围松柏成林。由于深山里难得寻觅到一块宽敞的开阔地，加之其特殊的历史地理位置，这里成了古时的人员马匹、现代的汽车火车交通枢纽，成为木城涧煤矿经济、商业、医疗、交通的中心。现今三座古塔换成了两座厚重的医院楼房，并以其为中心，简单明了地分成了楼东、楼西、楼后三个矿工家属区。楼前是深沟（清水涧）河道，如今宽阔的马路是20世纪70年代所修。眼前近百米宽的河道上横跨着两座大桥，一座是新桥，一座是老桥。

新桥附近为古时的"黑虎桥"遗址，是久负盛名的"十里八桥"之一，闻名遐迩的京西古道主干道——西山大路就经过这里。桥南的崖壁上，古石刻碑文字迹众多，被公路一侧的挡土堤掩盖了一部分，露出的那部分也被岁月慢慢磨损掉了。

当地老人回忆：过去桥下清水涧有水的时候，夏季桥上会聚集许多人，打牌、拉家常、唱曲儿、听戏，享受着清水涧河谷吹来的拂面凉风，

清水涧近百米宽的河道

格外清爽。节假日傍晚，从永定门（原为西直门）发来的列车到来时，就是大桥上人流的高峰，许许多多在山外工作或走亲访友的人们受到夹道欢迎，大桥两边站满了人。

　　"轮子坡"的东面紧挨着的就是木城涧矿的"煤仓"，威武雄壮地高居于火车站铁路线上方，周围的一切仿佛都是它的陪衬。矿山生产出的所有煤炭都运输到煤仓，然后再通过火车运到四面八方。木城涧火车站（过去叫板桥站）是门斋铁路线的终点站，曾经有个响亮的名字叫"黑风口"。

　　老人回忆：过去的年代，煤仓毫无遮掩，连续不断的煤罐车从半山坡上倒下原煤，顺着溜子流进煤仓，无风时煤尘滚滚，刮风之日则黑浪滔天，不夸张地说，煤仓附近的居民每天洗完脸的水能攥出个煤球来。有时客车进站，正赶上任性的黑烟四起，上下车的旅客们那真是叫苦连天，

"黑风口"的名字就是从这里传开的。那时候和小伙伴们幻想过：啥时要给煤仓加个盖多好啊！如今还真的盖上了！

煤仓再往东就是矸石山，矸石山顾名思义是由矸石堆出来的山体。矸石是采矿过程中从井下采出的或混入矿石中的碎石，通过洗煤工艺将其与煤炭分离出来，内含少量可燃物，不易燃烧，可作建筑材料的原料，一般矿山地面皆有矸石堆成的"矸石山"。木城涧产煤量大，几十年来堆积而成的人工山坡格外的高，仿佛在与自然界的青山试比高低，但其寸草不生的荒凉景象与青松翠柏郁郁葱葱的大西山相比，高低立判。在矿山家属区居住的职工家属不论男女老少，几乎都爬过矸石山去捡拾煤球。

矸石山山脚下原是宅舍台村（古称窄石台），它背靠日益增长的矸石山，村前就是铁路线，西部挨着巨大的煤仓。如今整个村子已被堆积成山的矸石埋没了，全村子的人都搬迁到下游的铁路三孔桥旁边新建的三孔桥村。

"轮子坡"西边是个偌大的材料场。材料场是储放沙子、水泥、坑木、梁柱等矿山井下生产所用材料的地方。每年树叶落了以后的深秋至初冬，矿上在这里就开始收购大量的"梢子"，用于采煤生产。

深山里的矿区，要比平原广袤的城市天黑得早些，太阳早早就隐藏在群山后边去了。置身于山峦沟谷中的人们总觉得天空那么小，大地那么窄，仿佛身在另一个世界。出得山来，不禁使人心情豁然开朗，眼界开阔，激情满怀。久居山里的人养成了纯朴、憨实的性格，盼望着丰富多彩的生活。一旦融入喧嚣的闹市，却无不怀念留恋山野的自然与纯粹的简单。夜晚，一串串黄色的灯泡带出一片片光明，虽然谈不上灯火辉煌，满山遍野的灯光却也勾勒出一番璀璨而炫丽的景象，显得格外的耀眼。

受访的老矿工最后感慨道：木城涧是生我、养我、哺育我长大的家乡，不管好与赖都是我生活过的土地，我在此度过了青葱年华。时过境迁，流逝

的是记忆，但故乡的情会一直陪伴着我。

　　木城涧矿停产后，如张书记所说规划建设滑雪基地可能是它最好的归宿。这里的矿洞随着山势和山沟搭建起来，零下5摄氏度恒温，对越野滑雪而言非常合适，地形高低有起伏，左右有转弯。而且也比较省水，在洞里做好保温不怎么挥发也不怎么蒸腾，一年有一个游泳池的水量就够了。木城涧煤矿退出意味着大量土地、厂房等资源待盘活转型，如果滑雪基地真能建成，对矿上、对当地村民来说都是大好事一桩。

四

大台矿

（一）金牛卧大台

　　大台煤矿位于门头沟区的大台办事处，其名来源于当地的大台村。相传大台在元代成村，名为福定庄。村前有清水涧，背依煤宝山，坐落在湖畔的台地之上，其山形地势犹如金牛饮水。曾有人认为福定庄名称不吉利，一则福定于此，难于发达；二则金牛上桩，受到束缚，指点迷津曰"金牛卧大台，必定发大财"，遂将村名改为大台村。《北京市门头沟区地名志》记载大台原名福定庄，更名大台后此地日见发展，逐渐成为当地人烟稠密的富庶之村。特别是大台地区生产的煤炭，沿京西古道源源运出，为当地百姓带来了可观收入。1924年5月1日，由门头沟通往斋堂的运煤铁路动工，当修到清水涧时，资金告罄，只好就近向西修到大台地区运

大台村

输煤炭，致使大台地区的煤炭生产规模迅速扩大，大台迅速发展成为京西
繁盛之地，许多村民因煤致富。现今，未进入大台村界，远远地在山坡上
就能看到"大台人民欢迎您"几个醒目的大字。

大台人民欢迎您

（二）神秘的巷道

　　巷道是什么样子的？井下如何挖煤，那么大的机器是怎么放进巷道里的？工人们怎么进入工作面作业？小火车如何把煤炭运输出来，又运到哪里去？"洗煤"是如何洗的？采空区塌陷的风险到底有多大？这些困惑笔者许久的问题，在参观完大台煤矿安全教育培训基地、办公区、下井设备区、矿工休息区、等候区、换洗间、煤矿巷道及井口等工作区后都得到了解答。

　　下井之前矿工们需要在下井设备间进行一番准备工作，包括内衣外衣都要更换成专业的工作服，防止个人衣物摩擦产生静电，引起火花导致瓦斯爆炸；换上井下作业所穿防水、防滑、防砸伤的矿靴；领取充电矿灯、

矿帽、氧气发生器等设备。完成准备工作后，矿工们会集中在矿工休息区，等候要求下井的命令下达。接到命令后，分成小组由组长清点和登记人数，签字后排队走到矿井口，乘坐叫作"罐笼"的升降机进入矿井。矿口的风很大，虽然整个矿口都在室内，但从罐笼处下方吹出来的风还是很强劲。笔者考察时才11月初，就已感到寒风刺骨，可想而知冬季时井下作业有多么艰苦。大台煤矿安全教育培训基地是新上岗矿工培训及对外参观的展示区。这里通过模型及实物详尽展示了人工采矿及综合机械采掘井下作业的具体方法。

小知识：长壁采煤法综采工艺

长壁采煤法综采工艺涉及井工采煤，适于煤层稳定、顶板坚硬、无断层缓倾中厚煤层及厚煤层分层长壁法开采。在长壁综采工作面布置液压支架、刮板输送机、滚筒采煤机，在运输巷布置顺槽转载机、可伸缩带式输送机等。综采工作面采用超长布置，即面长按两个综采面长度布置。采煤机用两台，骑在同一部刮板输送机上，分别截割上半个面和下半个面的煤壁。也可在超长综采面中部布置中间巷作运输巷，在综采面的上半和下半工作面各布置一部刮板输送机相向运输，形成对拉综采工作面。本工艺进一步挖掘长壁综采面生产潜力，提高产量和工效，使生产集中化；在实现高产高效的同时，降低巷道掘进率，减少煤柱损失，提高资源回收率；充分采动有利于地表下沉。[1]

洗煤是煤炭深加工的一个不可缺少的工序，从矿井中直接开采出来的

---

[1] 耿加怀等著：《长壁采煤法综采工艺》，《专利库》，2006年11月22日。

采煤机（由京煤集团提供图片）

煤炭叫原煤，原煤在开采过程中混入了许多杂质，而且煤的品质也不同，内在灰分小和内在灰分大的煤混杂在一起。洗煤是将原煤中的杂质剔除，或将优质煤和劣质煤进行分类的一种工业工艺。洗煤后所产生的产品一般分为矸石、中煤、乙级精煤、甲级精煤，经过洗煤过程后的成品煤通常叫精煤。通过洗煤，可以降低煤炭运输成本，提高煤炭的利用率，精煤是直接可做燃料用的能源，烟煤的精煤一般主要用于炼焦，要经历去硫、去杂质等工业过程，以达到炼焦用的标准。

　　笔者在大台矿区考察时有幸赶上煤炭装车，由于产量逐渐减少，现在

刮板输送机（由京煤集团提供图片）

每天煤炭装车的次数及时间都不固定，多则一天2~3次，少的时候不装车。洗涤原煤的同时进行分类，原煤通过长长的洗煤通道后，装入运煤车。

以前从大台矿区采掘的煤炭通过京门铁路运出西山，途经石景山、丰台等地。现在煤炭直接通过转装运往天津、秦皇岛，80%出口日本、韩国，其余运往东北、华北等地。看着乌黑的煤炭从仓库通过管道运输撒落在车厢里，想象着过去煤炭采掘繁荣时期这条装车线路繁忙的景象，环顾四周，高耸的安全塔、长长的运输管道、庞大的仓库、铁轨、火车，令人感受到了一种艰辛与光荣。

运煤车

洗好的煤

（三）温馨的矿区

关于京煤集团的企业文化在大台矿区随处可见。其中最重要的就是"安全生产"和"关爱职工"等以人为本的办厂理念。大台建有一处安全警示文化长廊，长廊墙壁上贴有矿工绘制的安全生产的小画，悬挂着许多条幅寄语：

安全是一盏灯，照亮幸福安宁的人生之路，你的平安是全家人最大的心愿；检修质量要过关，杜绝事故保安全；不绷紧安全的弦就弹不出安全生产的调；不要以违章挣的钱而沾沾自喜，安全已离你远去；忽视安全抓生产是火中取栗，脱离安全求效益如水中捞月；专管成线，群管成网，上下结合，事故难藏；安全工作的好与坏，是责任心的体现。

长廊还有一面极大的"矿工万岁"文化墙，墙上用大大的爱心贴满优秀矿工及家属的照片，还有许多矿工手写的寄语，表达了企业对矿工及家属的关爱以及矿工们对企业的热爱之情。

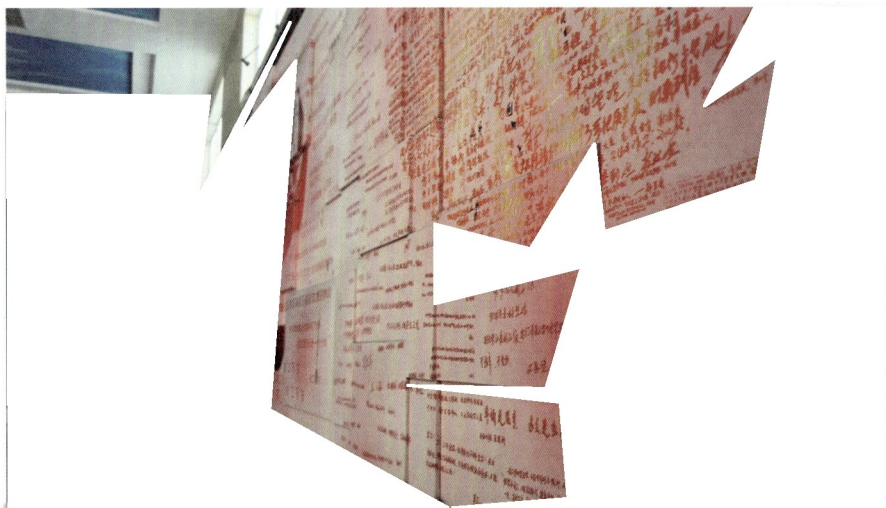

五

大安山矿

（一）独特的大安山

北京房山因其秀丽的山水而闻名，在这里有一座山，虽没有百花山壮美，也没有上方山知名，但它却承载着千万人的理想与信念，它就是大安山。大安山上坐落着离北京城区最远的煤矿——大安山煤矿。大安山煤矿的前身是永红煤矿，是中华人民共和国成立后北京建立的最后一座煤矿，1975年投产，到2008年生产能力达到年产160万吨。大安山煤矿将于2020年关闭，也是北京最后一批关闭的煤矿。因为有了这座煤矿，大安山成为房山众多名山之中最独特的一座。

北京昊华能源股份有限公司大安山煤矿

（二）矿区建设

大安山矿区与木城涧、千军台及大台矿区等相对独立的矿区相比，显得更自由开放。整个矿区坐落于大安山乡上的山头，办公区、矿井作业区、材料场、仓库等分散在村落中，生活气息更浓，仿佛一个独立的小城镇。沿盘山路行驶，远远就能看见山头上矗立着红色的大大的"安全第一"标示牌，威严而又醒目。进入矿区亦是盘山路，幽静而神秘。

山坡上裸露的煤炭层让人触目惊心，采矿对于环境的破坏力不言而喻。矿区内各项文娱体育设施齐全，体育场定期举办职工运动会。矿工俱乐部是一栋老式建筑，上面写着"宁肯苦干，不要苦熬"，虽然已经不再使用，矿工说近期内也将被拆除，但门前还是有许多村民家属在进行文娱活动。

大安山矿区山坡上裸露的煤炭层

大安山矿区材料场运送材料的鲜黄色火车头

　　大安山矿区材料场还在沿用火车轨道运输的方式，将沙石等材料运输进矿井。鲜黄色的车头带着斑斑锈迹在艳阳下显得格外耀眼而又古朴沧桑。在蓝天白云、巍巍青山的映衬下，这列即将退役的小火车看起来特别的鲜活生动，仿佛具有生命力，如向日葵般迎着朝阳，追赶着时光，不低头、不放弃。

　　进入大安山煤矿的调度信息中心的大厅，映入眼帘的四个大字"运筹帷幄"彰显了现代化监控手段在煤炭采掘业中的重要地位与作用。调度信息中心有三个工作区分别监控井下作业，监控机械设备，监控煤炭运输环节。

　　调度信息中心主任介绍：有了调度信息中心的全面监控，井下作业安全系数提高较快，生产效率飞速提升，以前需要在每台设备旁安排一位设备监控员，现在整个井下的采掘设备皆为数字监控，发现问题再派人进行井下处

大安山煤矿的调度信息中心的大厅

理。调度信息中心对井下空气环境质量也做实时监控，防患于未然。

　　大安山煤矿的管理制度有一个非常有趣之处是在所有设备、机器的位置上用黄色胶带圈出范围，每样东西必须放在固定的位置上，不能有偏差，这也反映出企业管理中一丝不苟的严谨作风。

　　沿着矿工下井作业的工作区一路前行，到达山顶前有一处别致的红色小房子，是供矿工等候井下作业的休息室。这座小房子，安安静静地矗立在那里，外观看起来像一个小教堂，特别的宁静幽雅，内部座椅排列整齐，保持一贯的不超黄线原则。

　　到达山顶就可以俯瞰整个大安山矿区和大安山乡了。虽然是冬季，植被稀疏，但景色却毫不逊色。蓝天白云下，层峦叠嶂的山峰前，白色的建筑，红色的屋顶，整个矿区显得明媚耀眼、鲜活而又宁静，仿佛诉说着它

俯瞰时，大安山矿区和大安山乡鲜活而宁静

过去的辉煌，又在静静地憧憬着未来的美好，不急不躁、不争不抢。这里宜人的风光可以预见其未来的发展，正所谓"酒香不怕巷子深"。

带我们参观矿区的工作人员一路都在反复强调："你们来的季节不对呀，太可惜了，这里春天遍山的杏花，对面赵亩地村掩映在杏花林间，古宅若隐若现，真的像武侠大片儿里的世外桃源；夏天就更甭提了，太凉爽太舒服了；秋天的时候漫山的红叶、黄叶，让人心醉。你们一定要在各个季节都来这边看看，这里停产后如果改建成度假区，一定会吸引很多人来，不为别的，就是在这山林里住上几天都能很好地放松身心。我记得以前《北京矿工报》上有我们矿工发表的描写大安山的诗，很美。我们当地人其实心里也挺矛盾的，一方面希望可以好好开发这里，给老百姓带来收益；一方面又担心开发过度，破坏了生态，破坏了景致。"

（三）矿区生活

大安山煤矿全面停产后，随着因采煤而会聚在这里的采煤大军的离去，大安山乡一改往日热闹的景象，大安山乡负责人说："20世纪70年代以后国家允许集体和个人承包煤矿，挖煤便成了大安山乡6000多位村民谋生的重要手段，一家老小几乎都从事和煤炭相关的工作，有下井挖煤的，有跑运输拉煤的、修车的，还有许多商贩倒运煤炭或是生活用品等，与煤相关的一切工作都能让老百姓挣到钱。不光是本村的人，大安山还吸引了数量众多的外来淘金者，那时沿路可见修车铺、小饭馆、小商店，每天拉煤的车辆轰隆隆响个不停。自从2005年煤矿陆续大规模关闭后，不光外面来的人成批撤离，就连本地人也慢慢离开了这里，到外面挣钱糊口去了，

赵亩地村落寞的农家小院

就是留在村里的人也不再靠挖煤生活。"

　　由于煤矿大批关闭，大安山乡变得冷清了许多，唯有山沟里遗落的许多废弃卡车、木桩和安全帽等，还能让人依稀想象当年忙碌的场景。赵亩地村村口是大安山进矿的必经之路，这里曾经遍布货车修理点、餐馆、小卖部，现在全都不见了，只有村口的公交车站还有些许的人气儿。赵亩地村原本是个非常有风情的小村庄，现今由于煤矿关闭，加之2012年北京"7·21"特

大暴雨的破坏，村庄已搬迁，只留下那些青石板路和落寞的小院。

煤矿的关闭除了经济上的影响，村民们讨论最多的就是环境上的改变。曾经黑乎乎的山坳现今露出了本色，房山区特有的山水风貌又展现了出来，人们也敢穿上白色的衣服出门了。村民回忆："煤矿红火时，村里的羊是黑的，麻雀是黑的，人脸也是黑的，白衣服穿出去半天就变黑了。"

煤矿关闭后政府为了防止私挖盗采死灰复燃，采取了许多措施。乡里组织村民建起了矿山执法队，人员最多时有200多人，执法队员每天沿着各条山坳寻找盗采痕迹，发现一个炸掉一个，盗采者受不了严苛的执法，大多都跑了。随着盗采者的减少，执法队的编制也精简到了100人，干两天休一宿，每个月挣1000元工资，任务仍然是打击私挖盗采，只是基本碰不到了，执法队员说："开煤窑先得放炮取眼，炸出来煤才能挖洞，炸煤眼就像赌博一样，有时炸了10多个眼也未必能看见煤，但炸一米深的煤眼就要花400块钱。我们每天巡逻，轰炸掩埋他们的煤眼，盗采者承担不起放炮的成本，基本都跑没了。"

另外，在出山必经之路上设置检查站，堵截运煤的卡车也是乡政府采取的一项有效措施，检查非常严苛，就连用于支撑矿井的木桩现在也不许进山。现今在大安山乡进山的道路两侧，"生态大安山、活力大安山、和谐大安山""全力打造北京鸽乡"的宣传标语随处可见。乡里人说："政府为我们规划了今后的发展方向，不能再靠煤炭赚钱，政府在努力帮我们想其他办法改善生活，有养鸽子的、养羊的，有做护林员、矿山执法队员的，十分期待大安山以后的发展。"

曾经靠丈夫开货车拉煤养活全家的张伟如今在肉鸽养殖厂当厂长。她在繁育仔鸽的棚舍里挨个笼子看鸽子是不是在孵蛋，每天都要计算孵化的进度，肉鸽的销量关系到全厂20多名职工的收入，只要鸽子养得好，销路

不是问题，村里会帮助解决。如今，她所在的养鸽厂有近3万对肉鸽，张伟的丈夫则在矿山执法队工作。

面对转型，大安山乡上上下下应对着各种困难与挑战，乡政府工作人员认为困难都是暂时的，现在是过渡转型期，按照大安山乡的远景规划，要将大安山乡由煤炭经济逐渐转型为畜牧加生态旅游结合的产业发展方向。今后大安山乡将集旅游休闲、特色种植、绿色养殖等生态友好型产业于一体，大安山乡还将以鸽文化为特色产业，走上可持续发展的道路。

乌金留痕

第三章　被遗忘的矿山索线

　　房山高线是中国第一条高空索道，说起高空索道，笔者第一个想到的画面是影片《疯狂的石头》里出现过的高空索道。影片里的高空索道是我国自行设计制造的第一条大型跨江客运索道——重庆长江索道，始建于1986年3月20日，是万里长江上的第一条"空中走廊"，有城市"空中客车"之美誉。房山高线的建设比其早80年，是中国第一条进口货运架空索道。房山高线又称房山运煤索道、空中铁路，是东亚地区第一条以机械为动力的高空运输线路，在房山经济建设中曾发挥过重要作用，在北京采煤史上也有着十分重要的地位。同时作为首个空中机械交通工具，房山高线在北京交通史甚至亚洲交通史上都占有一席之地。房山高线由于建设年代早，历史遗迹少，研究史料也较少，目前对房山高线梳理最系统最详尽的资料是北京史志专家潘惠楼先生所著《京煤史话》里的章节，还有喜爱房山历史、喜爱索道的民间学者对房山高线遗迹探寻的博客文章，如博主猫耳山、老果的文章。在这些史料、老照片及遗迹中我们依稀可以看到房山高线曾经的伟岸身躯，人们用文字、照片记录着被遗忘的房山高线。

　　小知识：中国近代索道建设（1840—1949年）

　　中国最早的索道是1906—1919年建造的房山高线，包括坨红、坨清、周长三条线路，属双线循环式运煤索道，技术引进自德国，比欧洲索道建造晚20年。另外，云南个旧市还有两条双线循环式索道，一条是马（格拉）老（阴山）运锡索道，建于1923年；一条是老个运矿索道，建于1923年，这两条索道也是引进的德国技术。而中国第一条自行设计制造的货运索道是1928年在河北张家口下花园建造的1号井——下花园车站索道，属单线循环式。中国第一条客运缆车，是1945年由著名桥梁设计师茅以升主持建造的重庆望龙门缆车，也是中国第一条自行设计制造的高空缆车。中国

近代索道分布最多的地区是东三省，其中辽宁省最多，山西、江西等省份也有两条索道。中国近代最著名的两条客运索道分别是重庆望龙门缆车及香港太平山缆车，前者已停运，后者至今仍是香港旅游观光重要景点。

一

建造缘由

京西房山地区煤炭储量丰富，到清末已有大小煤窑数百座，但由于山区交通不便，煤炭运输受阻，严重影响房山煤业发展，清朝政府试图在房山地区修建铁路以解决煤炭运输问题。清光绪年间，政府曾先后在卢沟桥至保定铁路线上开辟两条支线进房山，一条在琉璃河站开辟通往周口店的支线；一条在良乡站辟出支线通往坨里。两条支线的修建解决了房山地区煤炭外运的问题，极大地促进了房山煤业的开发，但受当时清政府资金、技术等各方面条件的限制，这两条铁路支线也只是修到房山地区平原与山区的交界处。铁路的运用只解决了房山平原地段的煤炭运输问题，而房山煤炭外运最大的瓶颈却是在山区至平原段。

房山煤矿多分布在山区，距周口店、坨里火车站相去甚远。当时，各个矿区需用大量人力畜力将煤炭运至两地的火车站，之后才能大量外销。而人力、畜力运煤，时常入不敷出。更困难的是遇到冬天大雪封山，夏季山洪暴发，交通经常中断。房山产煤量最大的河套沟地区地理环境十分复杂，大石河九曲十八弯，从百花山奔流而下，每到夏季为防洪水冲走

桥上木材，必须拆除桥身，此处即使徒手行路都十分艰辛，更何况人畜负载运输。山区段的交通问题如果不解决，即使修建了铁路，房山地区的煤炭运输问题也得不到根本解决。当时，正值民族工业兴起阶段，全国各地用煤供不应求，房山处于京津冀地区，区位优势显著，又有两条铁路深入腹地，只要能够打通山区运煤交通的瓶颈，房山地区煤炭即可北入繁华京师、东至天津港口、南下江淮河汉，沿线各地均可获利。当然，利益最大的要数房山煤业开发者，因此当地煤业企业家们纷纷上书朝廷，要求建设房山高线以解决运煤问题。

清光绪三十二年（1906年），以良乡煤炭运输业主刘圮瞻为代表的数名煤窑业主联合天津商会、天津集胜运盐公司等机构向清政府展开了修建房山运煤高线的游说工作。他们向当时担任直隶总督的袁世凯禀递了在房山修建运煤高线、建立运煤高线公司的报告。这里要解释一下为何天津盐商们会加入到房山高线建设的游说运动中来，当时清政府正实行"盐引"政策，即由官办盐业转变为自由经营，其间大大增加了课税项目及课税数额，天津盐商的利益受到了很大打击，财路被阻，因此许多盐商看准房山煤业的市场机遇，欲弃盐业转投高线运煤业。众多商界大鳄争相解囊欲投资房山高线建设，清政府自然喜闻乐见，双方一拍即合，房山高线建设正式提上日程。

虽然房山高线建设投资者的热情很高，资金也充足，但在真正开始建设高线时却遇到了许多棘手的问题，因为高线运输属于机械动力的运输方式，当时清政府不具备这方面的技术，甚至在线路如何规划、高架怎样搭建、站房设施都有哪些、需要多少投资等具体问题上，绝大多数投资者都如丈二和尚——摸不着头脑。在一次次多方会谈、各方斡旋，各界针对技术、资金等问题多次讨论论证，再三确认各方面无问题后，袁世凯批准了

房山运煤高线的修建，技术引自德国，资金由天津商会筹备，运营管理由"高线铁路公司"负责，最终于清光绪三十二年（1906年）正式开始修建房山运煤高线工程。1906—1919年（也有资料记载是1907年至1920年），完成坨里到红煤厂、坨里到清杠沟（前山站至清杠沟）、周口店至长沟峪3条运煤高线的修建，每日可运煤三百至五百吨。

二

线路抉择

清代房山煤矿主要集中于大安山、猫耳山、长沟峪一带，因此房山高线也主要经过这些地方。原始设计方案为两条：一条是坨里火车站至红煤厂再到大安山煤矿，全程约39千米；第二条起于红煤厂站，沿南窖沟入猫耳山北麓，再向西绕过猫耳山，连接琉璃河至周口店铁路的终点周口店火车站，以装运猫耳山四周及南窖、长沟峪一带产煤。两条线路交会于红煤厂站，成字母"Y"形，相互贯通，确保一条线路出现故障时另一条线路可以替代运输，避免出现煤炭积压在高线上运输不出去的情况。同时两条线路与火车站点紧密相连，确保煤炭高效便捷地转运。可以说就当时的高线设计技术来看，这两条线路的设计是最合理的，也是最经济的，堪称完美。但理想与现实总是存在一些差距，由于种种原因房山运煤高线并未实现最初规划的线路，只修筑了预想中的部分线路，实际运营中最终形成了三条线路，分别是坨红线、坨清线和周长线。其中最遗憾的莫过于高线终究没有修到房山煤质及产量皆优的大安山煤矿（至今在产）。

坨红线：这条线路遵照初始方案里第一条线路的设计，由坨里火车站到大安山煤矿，因缺少蒸汽机设备，无法完成大安山段修建，最终未进山，而是到达红煤厂村，因此谓之坨红线。线路自坨里火车站发出，沿大石河南部产煤山区逶迤而行，经口头村、万佛堂村、半壁店村、南车营村、杏园村、口儿村、英水村、佛子庄村至红煤厂村，装载沿途各矿煤炭。线路实际全长17千米，于清宣统二年（1910年）初竣工并投入运营。

坨清线：前文提到高线设计初始两条线路在红煤厂村交会，形成"Y"字形，看起来红煤厂的位置十分重要，但其实红煤厂村并不产煤，之所以在这里设置中转节点全因其以南以西皆有众多煤矿，它是房山煤矿区的腹地。过去房山运煤的方式是，从红煤厂的北、西、南三面靠人力畜力将大安山、清杠沟、南窑安子、霞云岭、三合庄等地的煤炭背回来，再运出大山。坨红线建成运营后，由于未修建到煤炭的实际产地大安山，而是到达不产煤的红煤厂，这就导致运营能力极强的高线总是填不饱肚子，高线公司在红煤厂收购的人力畜力驮运过来的煤炭远远不够高线的运量。最终高线公司在红煤厂以南设置前山站，修建从前山站至清杠沟的线路，沿途往南经英水村、西安村、北窑村、南窑村、安子村。这条线路终点为坨里火车站，所以谓之坨清线，于清宣统三年（1911年）五月竣工并投入运营。坨清线全长26千米，前山站至清杠沟16千米。坨清线运营后，开始每日一班，后因需求增大改为每日两班，昼夜不断地持续运转。按照每班500车，一日两班，每车装载0.5吨煤计算，每天运煤量可达500吨，其效益远远超过坨红线，因此最终高线公司放弃坨红线而专营坨清线。坨清线利润极大，曾引起许多官僚政客及地方豪绅千方百计插手高线争夺路权，导致该路线的路权几经易手。坨清线最终因战争被毁，终结了其历史使命。

周长线：周长线并非由高线公司修建，而是长沟峪一带乡绅看到坨清

线运煤利润极大，也想分一杯羹，于是修建了由长沟峪到周口店火车站的高线，全长7千米。周长线于1919年集资修建，其间经历许多波折，建成运营后也是屡屡遭受挫败。周长线修建时，正值邻近长沟峪的大丰煤矿修筑周口店至车厂村的轻便铁路，而大丰煤矿又得到安福系军阀的支持，腰杆儿极硬，周长线奈何不得对方，不能寻求合作也不能将其排挤出运煤行业。势单力薄的乡绅们依靠自己的力量根本无法完成高线的建造，又有大丰煤矿从中作梗，施工质量与进度都受到极大影响。为了完成高线建设，无奈之下只能求远与坨清线联合，期望能借助坨清线的技术与运营势力帮助完成周长线的建造。正在乡绅们一厢情愿畅想与坨清线合作之时，坨清线所有者却在密谋如何夺取周长线路权。等待时机成熟时，坨清线通过北洋保险公司承揽修筑权，以强硬手段夺取周长线路权，之后很长一段时间地方豪绅屡争路权，终

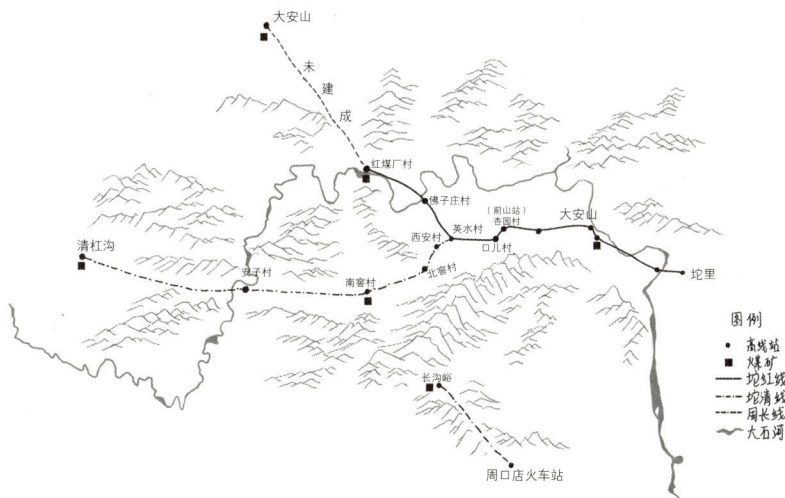

房山运煤高线在红煤厂村以南设置的前山站，位于杏园村（根据资料笔者手绘）

073

未夺回。周长线由于建设中困难重重，施工技术、建造质量与坨清线无法同日而语，运营过程中曾屡出事故，且周长线运距较短，利润不高，经营到最后入不敷出，时隔不久即被废弃。

事实上，房山三条运煤高线中能够保持运营并赢利的只有坨清线一条线路，坨清线在房山高线中运营时间最长、影响最大，因此人们习惯把坨清线称为房山高线。

三

高线设备

高线的机器设备由铁架、线轨、斗车和蒸汽锅炉四部分构成，属机械运输工具，由荷兰开发研制，随即在欧洲流行使用，到19世纪末，高线技术水平最高的国家为德国。房山高线是东亚地区首个高线项目，设备及技术皆引自国外。高线的运输方式与铁路运输原理十分相像，或者可以说高线就是空中的铁路运输。线轨好似铁轨，而斗车就是火车厢，斗车运行在线轨上如同火车行驶在铁轨之上，而蒸汽锅炉就是斗车的火车头，它们的牵引动力都是蒸汽，不同的是火车的蒸汽锅炉在车头上，而高线的锅炉在站台上。线轨、斗车由高耸的铁架支撑，屹立于房山的大山中，当年的景象一定十分雄壮。

（一）铁架

整个高线的施工中铁架的搭建是投资最多、工程量最大、施工最困难的部分。

铁架搭建的基本原则是尽量使斗车在线轨的运行上保持水平，线轨不能下垂过多，这就要求铁架要随山形地势的变化调整高度，遇高山搭矮架，过沟谷则设高架。房山高线中最低的铁架只有1米左右，而最高的铁架足有145米，有的铁架坐落于陡坡之上，下临深涧，从架顶俯瞰谷底，垂直高度可达数百米，令人头晕目眩。为了保证线轨下垂幅度尽量小，除了铁架高低要调节，还要保障有足够多的铁架来支撑，按照高线设计原则两座铁架的最大距离不得超过500米，而在房山高线的实际施工中，最近的两处铁架距离仅有十几米，这样的搭建规模势必会出现数量可观的铁架，据统计房山高线的支撑铁架共300多座。高线公司为了便于维修管理，将这些铁架按照顺序逐个编号，从起点坨里站开始，依次称为1号架、2号架等，编至前山站（坨清线中转站）附近时编号已为122号架。

在搭建这些铁架的施工过程中最困难的部分要属开辟山岭隧道。前面提过铁架遇高山搭矮架，但当遇到过高的山峰时，已经无法通过降低铁架高度来满足线轨运行要求，只能在山体上开凿山洞，让斗车穿山而过。开凿山口的宽度不得少于5米，才能保证斗车顺利通过，个别山口宽度达到10多米，而山口隧道长度则要看山的体量了，几米、几十米甚至上百米不等。房山高线共开凿山口10多个，其中口头山、荞麦山、新道沟、花岭山等地，开凿山口的土石方量都很大。另外，当线路跨越沟涧时，还需要架设桥梁用以支撑铁架，房山高线共架有这样的桥梁8座。

铁架由角铁铆焊连接而成，基部为正方形，下大上小，如同输电线路

铁架从万佛堂到大桃园山口

上的铁塔架杆，顶部两端向两侧凸出，托住线轨中的大线，即承载斗车之线。铁架顶部下端约2米处，有两个向两侧伸出的平台，平台上装有滑轮，滑轮托住牵引斗车运动的小线，防止小线下垂，同时进行加油润滑，而在较低的铁架上一般不设这样的平台。铁架上安有铁梯供人上下。

（二）线路

房山高线属双线循环式运煤索道，双线即大线和小线，大线用于悬挂斗车，小线连接蒸汽动力牵引斗车前行。高线上共有四根线路，大线、小

房山高线双线循环式运煤索道，坨里站台西侧

线两两组合，形成两组运输线，一组用于转载煤炭的重车行走，另一组走空车，两组牵引线的运动方向相反，重车轻车往来穿行。

小知识：高线大小线结构

1.大线：径粗35毫米，分为内外两层，内层为17根圆钢丝拧结而成的线芯，外层由扁钢丝拧成圆形包裹保护内层线芯，圆钢丝极富弹性，而扁钢丝则极耐摩擦。

2.小线：径粗23毫米，小线由上百条细钢丝绕在油棕绳上分股拧成，富有拉力。小线缠绕在站台内直径1.5米的铁轴上，铁轴由蒸汽动力推动旋转。小线从铁轴两端伸出站台，一端连接重车，一端连接空车，当铁轴转动带动小线从轴两侧沿相反方向运行时，小线牵引空车、重车分别出入站台。

（三）斗车

用于承载煤炭的工具叫作斗车，高约1.5米，自重约200公斤，可承载500公斤重量的煤炭，由两个轮轴挂在大线上，形同颠倒问号状。轮轴上部悬有两条下垂的铁梁，中部有连接小线的装置，下部有两个铁套环，用于套住车斗，轮轴随小线牵引，斗车在大线上滚动前行。两辆斗车的悬挂距离约为100米，全速前进的斗车运行速度可达每分钟150米。

（四）蒸汽锅炉

蒸汽锅炉是整个高线工程的心脏，它为整个高线的运行提供牵引动力，如果没有这些蒸汽锅炉，就好似心脏停止跳动，机体完全无法运行。蒸汽锅炉之于高线的地位十分重要，技术含量也是最高的。前文提到过，初始设计的两条线路中，计划修至大安山的线路就是因为缺少蒸汽锅炉

蒸汽锅炉设备安装于机厂内，北窖车站西面

而使计划破产。坨清线线路初建时安设四台锅炉，这四台锅炉分别安装在坨里站台、万佛堂站台、南车营站台和北窑站台，其中北窑站台的锅炉最大。锅炉的工作方式分为火管式和水管式，结构形式分为立式和卧式。

高线的机器设备除铁架、线路、斗车和蒸汽锅炉，还有许多辅助设备，如电动机、电话、机床等。

四

遗址遗物

日本侵华期间，房山高线也未能幸免于日军的掠夺，日本军队发动卢沟桥事变之后仅一个月就占领了运煤高线设在坨里火车站的办公大楼，随即控制了高线的煤炭运输。他们利用高线运输设备源源不断地把煤炭运往山外，大肆掠夺这里丰富的煤炭。为确保正常运输，日军在高线的各个站台都建立了碉堡岗楼，派有重兵把守。直至抗日战争及解放战争胜利、中华人民共和国成立，房山高线才又重新焕发了活力。

当时，国家百废待兴，尤其工业生产力亟待提升，首都北京和全国各地基础设施建设需要大量的煤炭能源，京西房山门头沟的煤炭能源作为北京建设的物资保障，重新登上历史舞台，发挥它最大的价值，已于战火中毁坏停运的房山高线也重新进入人们的视野。为了加大京西煤炭的采掘力度，北京成立平西煤矿公司，该公司探查高线残存设施的情况，利用遗留设施设备用时一年修复了坨里火车站台至房山矿西区井口约10千米的线路，用于房山煤矿的运输销售。这10千米的高线线路在整个房山高线史

上虽然很短，站台规模也很小，但其运营的效率、发挥的作用却是整个房山高线史上最高效也是最大的，此时的房山高线是其高线史上日运煤量最高、最辉煌的时刻。因为它的存在，房山煤矿在很短的时间内便跻身于国家现代化大中型矿的行列中。房山运煤高线历经50多年的沧桑历史，曾欣欣向荣，20世纪60年代随着铁路工程在京西山区的大批修建正式退出历史舞台。现今，原高线所经线路多已荆棘丛生、杂草遍地，在这些废墟里还能依稀觅得些许高线工程留下的遗址遗物。

在塔基遗迹中我们发现，坨红线塔基为边长约0.8米、高1米多的方柱，由尺寸规整的坚硬青灰石块与水泥砂浆整体浇筑而成，而坨清线塔基是直接用大石块垒砌石礅，水泥浆填缝黏合，甚至都没有用沙子找平，可见当时坨红线耗资巨大却没有盈利，这种情况下再建坨清线时，运营公司已不想再冒风险投入过多，在建材上便粗减了许多。坨清线的塔基间距比坨红线也明显增加很多。

（一）坨里机厂

坨里机厂位于坨里站台内，占地面积66.9亩[1]。解放战争期间，高线全线停运，机厂由技师看管。1949年后，高线股份有限公司向京西矿务局移交了所有财产，对器材、房屋、设备等做了估价和清理，由京西矿务局坨前高线管理处负责善后和复建工作，机厂划归房山矿所有，由矿运销科负责。1962年，坨里至磁家务的铁路修通后，新建的高线随之拆卸，坨里

---

[1]　1亩≈666.67平方米。

机厂失去原有功能，废弃后又改建成职工宿舍和京西矿务局办公楼，还有一部分机厂房屋成为某单位仓库。1971年，北京矿务局在坨里机厂所在地建起了炼铁厂，房山矿也将高线机厂产权移交给了炼铁厂。1972年9月炼铁厂投产，1980年7月停产，共炼铁99417吨。之后北京矿务局又将停产的炼铁厂基础设施改建为水泥厂。到1990年，北京矿务局水泥厂共生产水泥333424吨。原坨里高线机厂所在地成为水泥厂办公区，原高线机厂的房屋经多次改建已基本拆除，只剩下原高线站台的围墙和几间破旧平房，但原机厂内的高线坨里办事处办公大楼基本完好。这栋楼房是清末民初德国人指导修建高线时所筑，样式也是欧洲风格。这座楼房可能是房山地区和北京矿务局最早的水泥结构楼房。可惜的是，此楼年久失修，在2002年的水泥厂环境改造中被彻底拆除。

（二）前山站台

高线全线总计有11个站台，保留最好的是前山站台。该站台位于杏园村潘家楼，曾是高线的中心站，也是坨红高线与坨清高线的交会点和分岔点，另外还有日本侵华时修的通往协中煤矿井口的支线。中华人民共和国成立后，房山矿为修复高线，把此站台作为枢纽大力改造。20世纪50年代中期，此站台成为房山煤矿的井下矸石排放点，在站台附近购地存放矸石。夏季山洪暴发时，房山矿与外部交通中断，车辆进不了矿。房山矿则用高线与外部交换物资，从坨里往矿上运粮、运坑木等，把前山站作为物资集散地。1958年，房山矿又利用前山站台运输方便的特点，在其附近建造了一座集体经济性质的煤窑，并在前山站台建造了滑坡煤仓。1962年房

山矿拆除运煤高线时，前山站台被改建成了职工宿舍，以后又成为家属招待所，再以后成为家属区，原高线站台的部分房屋及站台石墙、水泥构筑站台基座等得以保存。在高线的万佛堂站、红煤厂站等站台，也留有站台的围墙、建筑基座、储水池等遗迹。

（三）锅炉设备

房山运煤高线始建时只有4台锅炉，之后因线路需要陆续购置锅炉，至1949年后房山矿接收高线时共有锅炉8台，其中立式1台，卧式7台，均有不同程度的毁坏。1951年，从北京石景山至房山矿的高压输电线路竣工，房山索道运煤动力由蒸汽锅炉改为电力驱动，索道工人的劳动强度大为减轻，索道工作人员的数量也减少许多。1954年房山矿将高线南窖站台、北窖站台的破旧锅炉运到矿西区，修理后作为工人浴室烧水洗澡之用。1967年，房山矿西区新浴室建成，高线旧锅炉随即废弃，存放在西区锅炉房场院内。另外坨里机厂、万佛堂站台等地的锅炉也都被房山矿修理使用过。1949年后房山矿接收高线财产时，还有德国西门子公司于1919年制造的电动机、德国造16英寸卧式车床、德国造旋转式通风机以及斗车、铁架、线路等许多设备及工具，有的至今仍在房山矿。如德国产单筒长柄望远镜，原是巡线工具，被房山矿运销科排矸队用于口头山高线瞭望。再如日本于20世纪20年代末生产的电机，在20世纪30年代投入高线运输，目前仍在房山矿口头山排矸点运转。

房山运煤高线从清末建设至1962年拆除，经历了清末、民国、中华人民共和国初期三个时期。高线的经营者有商人、官僚、政客等，资金来源

涉及中外很多著名银行以及国内的银号、钱庄、煤商及私人股份、放债者。修建过程中又酿成国际纠纷、盐务风潮、阻路风潮、48村争高线、27村争高线等多起重大事件，其复杂、曲折的过程和经历，在房山工业发展史上绝无仅有，在我国民族资本企业中也极其少见，可以说是历尽沧桑，饱经忧患，反映出在半封建半殖民地的旧中国，民族工业发展道路的艰难。所幸的是，房山运煤高线在中华人民共和国成立后的短短几年内就恢复了运营，为国家的建设做出了突出贡献。当铁路修入房山山区后，房山运煤高线结束了其历史使命，但在我国的运输史上和矿业史上留下了光辉的一页。

曾经的坨里站台

乌金留痕

第四章 京门铁路的前生今世

一

京门铁路建造始末

京门铁路有广义和狭义两个概念，现在人们普遍了解的"京门铁路"是广义的概念，即北京市区西直门站到门头沟区木城涧煤矿终点站这段铁路。历史上的京门铁路狭义上特指北京西直门站到门头沟站这段铁路。而门头沟站到木城涧煤矿这段叫"门板铁路"（木城涧曾用名板桥）。同时还有门头沟站到斋堂镇的"门斋铁路"、门头沟站到大台站的"门大铁路"等。本章中所写的"京门铁路"为其广义概念，着重讲述京门铁路三家店站至木城涧站区间的故事。

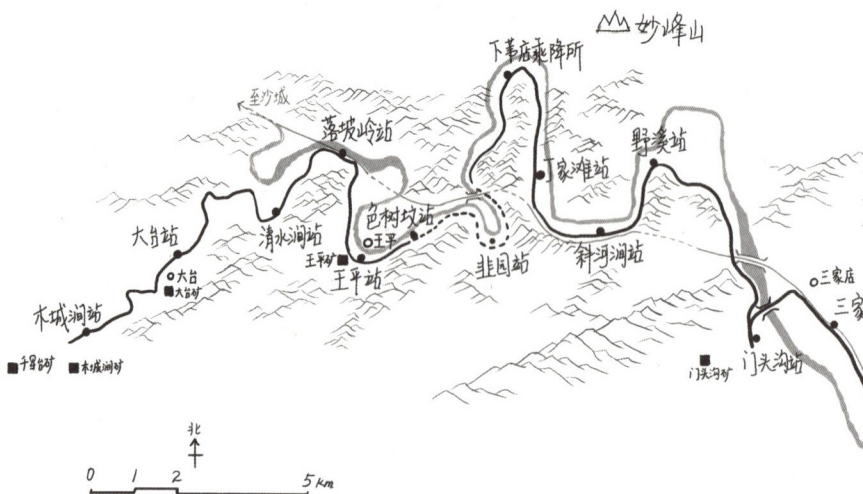

京门铁路线路图

（一）缘起京张：西直门站—门头沟站

说起铁路，中国人最熟悉也最佩服的设计师当属主持建设京张铁路的詹天佑，当年的"人"字形、"之"字形似乎就是铁路最高技术水平的代名词。现今中国的铁路建设，尤其是高铁建设已经迈入世界最强国之列，无法想象就在一百多年前，中国人甚至没有在自己国土上建设铁路的权利。京张铁路著名的原因除了其高超的工程技术，更重要的是它是我国第一条自主设计修建的铁路，它标志着中国人有能力且有权利在自己的土地上建造高难度、高水平的铁路。正是京张铁路的成功建造，京门铁路才应运而生，水到渠成。下面我们来详细讲述这段艰辛的修路历程。

19世纪末的中国积贫积弱，筑路权大多掌握在列强手中。京张铁路筹

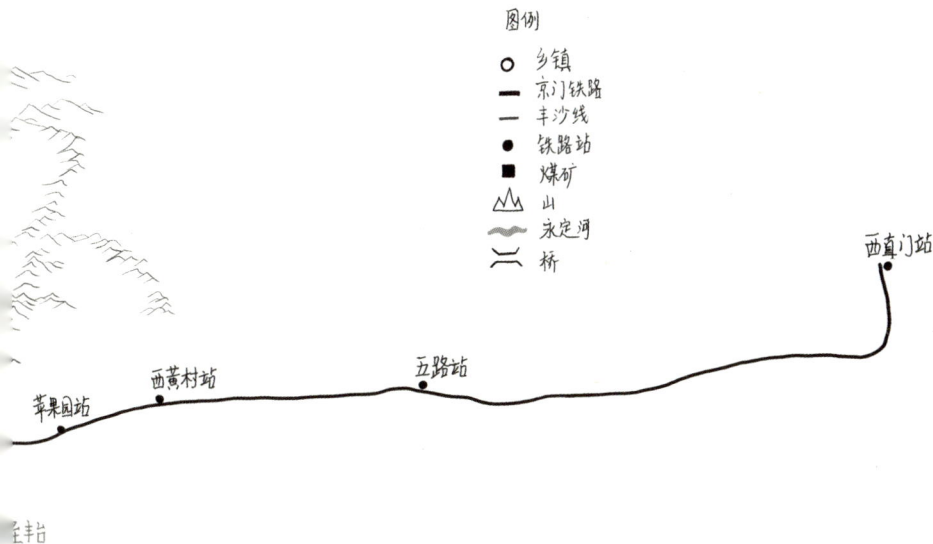

划初始，帝国主义列强就嗅到了再一次搜刮中国的可乘之机，因为张家口是连接京津、沟通晋蒙的重要交通枢纽，获得这条铁路的筑路权就意味着掌握了中国西北的能源大门，更会遏制首都的发展。因此英、法、俄、比利时等国家开始纷纷争夺京张铁路的筑路权。

清光绪三十一年（1905年），詹天佑主持修建京张铁路。5月京张铁路正式获批修建，同年10月正式开工，次年9月竣工，仅用不到一年的时间，京张铁路丰台至南口段完工并先行通车。清宣统元年（1909年）8月11日，京张铁路全线竣工，并于9月24日全线通车。京张铁路从筹划到设计再到修建完成仅用四年时间，在当时经济技术落后、内忧外患的国情下堪称奇迹。京张铁路是我国完全依靠自己的力量修建的第一条铁路，是中国铁路建造史上的一个里程碑。

京张铁路的修建再一次激发了门头沟地区煤商请求开通门头沟到北京城区铁路的热情。事实上，在京张铁路修建前，就有众多煤商集资呈请政府修建连通矿区到城区的铁路，但均被政府拒绝。清光绪三十二年（1906年）7月，商部再次奏请朝廷，希望由修建京张铁路的原班人马同期修建京门铁路。这一次的奏请终于得到朝廷的批准，而朝廷同意的原因不仅在于官民的多次上奏，即"民之所向"，更在于这条铁路的修建时间与京张铁路的修建几乎重合，这样可以最大限度地节省人力物力，同时当其完工后，可以为京张铁路的机车运行提供煤炭资源。无论从成本、效率还是结果上而言，修建这条铁路都是"有百利而无一害"。

清光绪三十二年（1906年）10月，詹天佑率领工程技术人员开始对京门铁路沿线进行勘测，并于同年冬在田村、三家店分别设立工程处，进行相应区段内的施工。京门铁路的起点定为西直门站，终点定为门头沟站。西直门是北京内城西侧偏北的一座城门，是由城外进入城内的一条必经之

路。这里本就商贾云集、车马众多，京张铁路在西直门设立站点后，此地更加繁华。门头沟站位于门头沟城子村，地处燕山脚下，也是门头沟较为便利与发达之地。京门铁路的线路设计是从京张线西直门站出岔后西行，经西黄村站、三家店站，跨过永定河后到达终点门头沟站，后在实际运营期间又增加了石景山站，全长共26千米。

清光绪三十二年3月，京门铁路正式开工建设。同年11月，西直门站至三家店站通车。次年9月，西直门站至门头沟站全线通车。整个工程从策划到完成通车用时仅为一年半，着实让世人震惊。京门铁路的建设不仅用时之短出乎意料，用银之省更是令人始料未及，整个工程仅耗银63.1万两，大大节省了经济成本。京门铁路是在京张干路上开岔，因此也经常被称为"京门支线"。京门铁路建成后，清政府派专员验收后认为"近日支路一通，开车以来，运煤颇旺，后来营业，自可望有起色，而该路工程安设，亦皆布置妥帖"。京门铁路的作用与意义正如詹天佑本人所言：

所过大小集镇，均不寂寞，沿途民户亦繁，口外货车更源源不绝，此路早成一日，公家即早获一日之利益，商旅亦早享一日之便安，外人亦可早杜一日之觊觎。

（二）向西延伸：门头沟站—板桥站（木城涧站）

门头沟地区盛产煤炭，其辖区内的斋堂和板桥（今木城涧）两个地区所产煤的质量更为优良。京门铁路西直门至门头沟段虽已在清末修建完成，但其终点门头沟站距离主矿区毕竟还有几十千米的距离，考虑到运输的便利，不少煤商纷纷要求将京门铁路扩展至矿区。1912—1917年，曾有多名煤商向政府呈文，但由于呈文中的铁路走向与当时正在商定改线的京张铁路关沟段相关联，故立案未能得到批准。待关沟段改线事宜结束，到1919年官商合办的斋堂煤矿公司成立时，关于修建斋堂铁路的立案才顺利通过。同年11月，该公司以宽轨修建耗时耗财多为由，请求先建窄轨铁路。国际上标准轨铁路两根铁轨间距为1435毫米，所谓窄轨铁路，是相对于标准轨铁路而言，两根铁轨间距小于1435毫米的轨道。修建窄轨所需成本较低，遇到弯道时曲率半径也较小，同时也更适合于较大坡度的路线。在当时的国情下，修建窄轨铁路也不失为一个好办法。于是，负责筹建从门头沟至斋堂矿区线路的门斋铁路公司成立。无奈好景不长，到1921年，门斋铁路修建资金短缺。而恰在此时，板桥一带的煤矿已先于斋堂地区被开采出来，为了先将板桥地区的煤炭运至北京城内，门斋铁路公司决定，直接修建一条从门头沟至板桥的铁路，即门板铁路，并且一步到位，直接修建标准轨，以方便其与西直门至门头沟段联运。1924年5月1日，门板铁路开始修建。门板线自门头沟站向西北方向进山，沿着永定河的右岸不断蜿蜒向上。由于那个时代的盾构技术还不发达，因此许多在今天看来可以被长隧道取代的线路无法实现，只能采用不断绕行的方式。在经过丁家滩站、色树坟站之后，线路到达清水涧，在这里门板线不再沿着永定河前行，而是先跨过清水涧沟，然后再沿着清水涧沟的左岸直至大台村，之后

又跨回清水涧沟的右岸，到达线路的终点——板桥站（今木城涧站）。

1927年7月1日，门板铁路竣工通车，全长34.08千米。自此，位于板桥地区的煤矿产出的煤终于可以被更快地运出。需要特别指出的是，尽管西直门至门头沟段和门头沟至板桥段在门头沟站共站，可是两条铁路并不共轨，并且相距有数百米之远。因此，从门头沟山区运来的煤矿，需要工人先在门板线卸车，然后搬运至开往西直门的列车上（后面篇幅中将为大家详细介绍这个共站不共轨的门头沟站）。即便如此，门板线的修建还是大大便利了当地煤矿的开采与运输。

（三）重修京门：日军侵入京西铁路

1937年7月7日，卢沟桥事变爆发，日本帝国主义开始全面侵华战争，并提出"以战养战"的经济策略，即通过掠夺资源补给战争消耗。日军占领北京后，便迅速控制了铁路及其他交通，为后续开展资源掠夺铺路，甚至还先后成立了华北交通株式会社、华北开发株式会社，用以统一管理华北日占区的铁路、公路和内河运输。前面提到过，早在抗日战争前的十数年，能源短缺的日本就垂涎于我国京西一带的煤矿，曾派地质勘探人员到西山探测煤炭储备，绘制地质勘探图。作为连接矿区与北京市区的交通要道，京门铁路自然成为日军首要夺取的对象。这条铁路将门头沟地区的优质煤炭源源不断地输送到日本，詹天佑若知道他所建造的铁路竟成为帝国主义搜刮中国的工具，一定会痛彻心扉。

京门铁路损毁路段较多，日军占领京西后，对门斋段、门板段、西直门至门头沟段等进行修复，并将门板段终点站设置于大台。此次重修京门

铁路，除对原有站点进行修复，还新增设五路站、野溪站、落坡岭站、大台站，基本形成了如今京门铁路上各重要站点的布局。至此，京门铁路又一次完成了由城内西直门到矿区板桥的沟通。

为了控制和监管煤炭运输，日军还特意在铁道两旁修建了许多碉堡、哨所等防御工事，至今尚有遗留。从三家店火车站出发，沿铁轨方向前行，跨过京门铁路大桥，继续向西行走，桥头矗立着一座石块和水泥混合砌筑的圆柱形碉堡，直径约为3.5米，高约6米。碉堡分三层，一层为休息室，二层为观察、射击室，三层是露天瞭望台。碉堡外墙布满射击孔，多达19处。日军侵华时修建岗楼多就地取材，基本都是石头水泥砌筑，落坡岭车站南侧的山头上同样有日本人用石头水泥砌筑的碉堡，把控着整条铁路的运输。在清水涧站至大台站之间还有一处日军重修铁路时建的水塔，

桥头矗立着圆柱形碉堡

落坡岭车站南侧山头上的碉堡

清水涧站至大台站的水塔

为过境铁路加水之用。

抗战胜利后，京门铁路由于屡次经受战争破坏，处于瘫痪状态，国民政府交通部将京门铁路划归平津区铁路管理局管辖，但一直处于停运状态。直到中华人民共和国成立后，京门铁路由北京铁路局接管，经过数次修缮恢复运营，京门铁路才又肩负起门头沟地区煤炭运营的历史使命。

（四）今日京门：或将成为工业遗迹

今天当你沿京门铁路行走时，如果能偶遇从西山缓缓而出的运煤火车，那实属十分幸运的事，因为现在每天在这条线上的运煤列车平均只有五六趟，遇节假日还会停运，到2020年木城涧和大台矿停产，京门铁路将正式退出历史舞台。事实上，早在1971年，为了修建北京地铁2号线，就已经拆除了五路至西直门区间段的铁轨。现今，煤炭从西山运出到三家店、石景山站就直接转车运往秦皇岛再发往其他地区，已不再驶进北京城区。

历经百年沧桑的京门铁路，见证了历史的变迁与发展，如今卸下重担的京门铁路将何去何从？它是中国铁路史上一座"活着的里程碑"，更是我国铁路事业发展的见证者，如就此成为工业遗迹，希望有关部门可以对其进行遗产保护，让这座"活着的里程碑"生生不息。当然或许对它最好的保护是赋予它新的使命，让它重新焕发光彩，比如与旅游业结合，开发西山观光火车旅游线路，让更多的人在领略西山风土人情之时，也不会遗忘京门铁路的过去。

（五）京门风情：京门小票车

要问老门头沟人对什么交通工具最有感情，答案一定是"京门小票车"，因为在公交车线路未开通前，门头沟山里的居民进城十有八九都会乘坐"京门小票车"，它是京门铁路线上的客运火车，繁忙时车上连站立的位置都没有，堪比如今早高峰时的地铁。小票车与普通客运列车相比并无特别之处，但随着煤矿逐个停产和929路公交车开通，往返旅客越来越少，列车的车厢节数也随之减少，最后减到仅剩一节车厢，成为北京唯一一辆只有一节车厢的小火车，车上也只有一名列车长和一名乘务员，人们亲切地称它为"京门小票车"。小票车每日两班，往返于木城涧站至三家店站之间，周末仅一班，全程票价仅2块5毛钱。坐过小票车的人回忆："小票车，对门头沟人来说是一种情怀，承载的是青春、是梦想、是一个时代的记忆。那时坐车会遇到许多突发事件，比如车厢里电瓶坏了，钻山洞的时候漆黑一片好几分钟，什么都看不到。人都好像失明了，听到的只有风声。有的时候觉得很刺激，有的时候感觉很恐怖。火车就贴着树枝走，一不留神就被树枝刮着、蹭着。"

"小桥流水人家，古道西风瘦马"，元代戏曲家马致远所描述的这片大西山，"群山之中，遍藏乌金"。从古道驼队到京门铁路再到公路运输，大西山的物资被源源不断地运输进京城，日复一日，年复一年，久盛不衰。历史的进步、时代的变迁，让人感到世间的物是人非。2008年北京奥运会前夕，京门小票车停运，被正式载入史册。到木城涧和大台矿区停产之日，京门铁路也将正式退出历史舞台，在其尚未完全消失之前，我们须尽快用相机拍摄下它的身影，用文字记录下它的故事，将这些宝贵的工业文化遗产分享给后人。

二

车站站名传说

京门铁路沿线停靠的村镇名称非常有特色，有的望"名"生意，有的诗情画意，有的神秘莫测，当然还有通俗易懂十分接地气儿的。

三家店：史料记载三家店最初有高姓、王姓、殷姓三户人家，在此经营生意并越做越大，形成村落，地名由此而来。

门头沟：民间传说"门头沟"这个地名是以该地区的房屋布局得来。该地区圈门过街楼里外和京西古道上的房屋建筑，都随山就势地建在山峡之间的流水沟两旁。因此这里家家"门头了"（即门前面）都是一条大沟。该地区以门头口过街楼为中心闹市区，过街楼是整条沟中的繁华地段，又是人们出入的交通枢纽，出街门前头是条沟，进街门前头也是沟，两者合一，该地区的人们就依山就势地将自己的居住地称作"门头沟"了。

野溪：相传当地村民因看见一股泉水从山涧里流向永定河，且地处荒郊野外，故得名野溪。

丁家滩：丁姓人家在此耕种，由此得名。因位于河、沟的浅滩附近，因此村名中有"滩"字。

韭园：据传，因村民以山泉水经营菜园，其中以种植韭菜闻名，故名。

色树坟：因原来有座王家坟，坟地里长了一棵色树而得名。当地人念"色"为"shai（三声）"。

王平：西山北岭地区的平地村，村名源于此地开采的平子窑。

落坡岭：村子依山而建，因建于坡上所以村名中有个"坡"字。

清水涧：村子正坐落于永定河河湾处，夹于两山之间，因地势得名。

大台：原名定福庄，村里住着位牛老汉，虽辛苦劳作却生活贫穷，请来算命先生卜一卦，被告知"要想吉利须改村名"。村外有块平地，像一个大台子，算命先生说："金牛卧大台，代代会发财"，于是，即取名为大台。

木城涧：两山之间的大山涧，涧中树木成林，好像一座天然城门，于是得名。

三

各站风情

为了探寻京门铁路的遗迹，重拾过去的记忆，笔者先后三次徒步探访京门铁路，分别从三家店站至斜河涧站（约11.3千米）；斜河涧站至王平站（约13.9千米）；王平站至木城涧站（约12千米），完成了京门铁路西山范围内的踏勘工作，记录下沿途优美的景致和那些有关煤矿、铁路的故事。这一章节，我们会为大家科普一些关于铁路的小知识。

（一）三家店站

石景山至门头沟，是清光绪三十四年（1908年）完工的京门铁路的最后一段，从石景山站出发，京门铁路沿着永定河东岸向西北方向前行，经过三家店古村之后，跨永定河，然后向南到达门头沟城子。过去永定河河岸交通繁忙，聚集形成了三家店交通枢纽，京西古道往来的众多货物在此

聚集，在有铁路之前，大量的煤炭也在这里聚集和分散。中华人民共和国成立以后，北京西山修建了诸多军事设施，还有地铁1号线——苹果园也不是其终点站，一直向西延伸，有福寿岭站、高井地区某个只有编号的站，最后钻出地面，接入国铁。再者就是北京铁路西北环线，从京包（即过去京张）的沙河站向西沿凤凰岭等地然后向南，在三家店站接入丰沙线，而丰沙与京门在三家店共站。所以永定河东岸线，尤其是三家店站交通复杂繁忙，并留下了诸多历史遗迹。

三家店站内最宽处并行10条铁轨，最左侧黑色木质枕木即为京门线，往右依次为丰沙线、北京铁路西北环线。轨道上停着一辆GC-270（GCS270）重型轨道车，这个型号的列车用于工矿企业、港口、铁路站场、车辆段及地方专用线的运输牵引和调车作业，也是铁路在修建、维修、抢险时不可缺少的动力设备。远处可见石景山工业区标志性建筑物。

在此，铁轨跨越百年历史，百年

三家店站内最宽处的铁轨

三家店站站牌

三家店现在的火车站站址

前油黑的松枕木经风雨侵蚀，虽已破旧但依然肩负着运载煤炭的使命。站在新老枕木衔接处，深深地感受到岁月更迭带给人的震撼：百年前奋力抗争，百年后欣欣向荣。

清末时所建的三家店火车站已被拆除，现今的新站位置有所改变，站房的样式也变成了现代建筑风格，虽少了年代感，却也别有一番风情。一间小站房、两个售票口、几排候车座椅，没有铁栅栏阻隔出入站口，没有喧嚣声，没有长长的排队人群，它就这样安安静静地在那里，如果你来乘车，仿佛抬腿就可以上车，不需要那些层层安检，这与现今人们习惯的高铁搭乘方式差别很大。如果你没来过这里，很难想象就在北京，就在离繁华市区不远的地方竟然有这样一个安静的小站，而它不仅在运营，甚至是许多喜欢火车的拍客、驴友们出行的集结点，也是多条火车线路的会车点。在这里你可以坐上丰沙线，穿行于群山峻岭间和通过神秘又刺激的隧道，开往大山里。

小知识：枕木的小秘密

铁轨为什么要铺在枕木上？

铁轨与火车车轮的接触面积小，火车质量又非常大，铁轨所承受的压力相当大，因此铁轨下面必须铺设枕木及石头以分散火车的重量，防止铁轨因压力太大而下陷到泥土里。

枕木类型有哪些？

按材料属性分为木制枕木、钢筋混凝土枕木、钢制枕木、复合材料枕木；按用途分为用于铁路正线线路的普通枕木、用于铁路交会处的道岔枕木、用于铁路钢结构桥梁设备的桥面线路铺设的桥梁枕木。

枕木间距是多少？

在世界各国铁路的轨枕间距中，以我国和苏联的轨枕间距为最小，欧美国家的轨枕间距较大。但随着运营条件的变化，人们已认识到采用较小的轨枕间距有利于减轻钢轨和道床的受力。例如英国铁路的混凝土轨枕间距已由最大的760毫米减小到703毫米，正常的为650毫米，可增加轨道的横向稳定性。

铁轨枕木中间为什么是凹下去的？

火车行驶的时候，由于枕木的内凹，会给车厢一个垂直指向地面的向心力，能保证火车行驶的稳定。

（二）门头沟站

从二家店站出发，京门铁路在跨过永定河后很快到达门头沟站。在京门铁路线上，门头沟是非常重要的一站。曾经山区里的煤炭就是通过这条铁路从门头沟分轨道进入首都钢铁公司。2008年北京举办奥运会，将周边的大型企业迁出北京，首钢搬迁，这个站点才结束了它的使命。

京门段门头沟站的上一站三家店站位于门头沟站的东北方向，而门板段门头沟站的下一站野溪站位于门头沟站的西北方向，这也就意味着门头沟站对两个方向而言都是尽头站。詹天佑时期修建的京门铁路与后来增建的门板线之间在门头沟站"共站不共轨"，两条铁路线相距一定距离，运煤车到达门头沟站后必须卸车再重新装上开往三家店的火车，显然费时又费力。为解决这一问题，日军在重修京门铁路时，将门头沟站站房东移了几百米，站内新建仓库和若干条铁轨，并且在门头沟站站房以北设立一处道岔，道岔一边指向东北三家店方向，另一边则指向西北野溪方向，从三

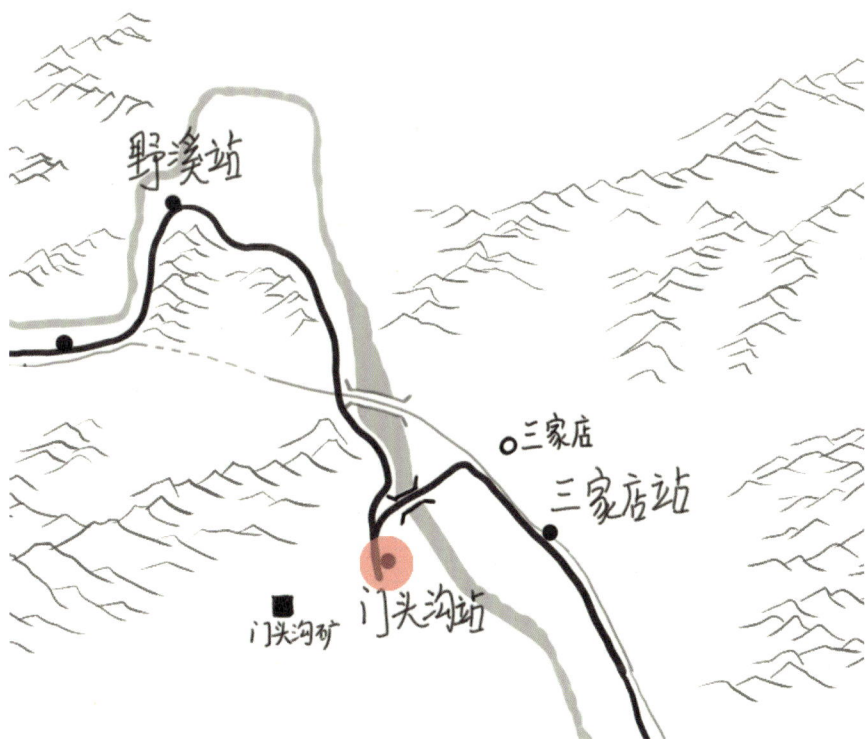

门头沟火车站"共轨"处实景及示意图

家店来门头沟站的列车，必须在门头沟站掉头后才能重新开出，并转换道岔驶往野溪站，反之亦然。至此，往返于京门段和门板段的火车终于可以运行在门头沟站内相同的轨道上，最终实现"共站共轨"。"共站共轨"提高了煤矿运输的效率，节省了人力与物力。在门头沟火车站"共轨"处，轨道南侧围墙后隐约能够看见京门铁路遗址公园。

　　紧邻现城子铁路货运站（旧时城子车站）东北侧，永定河畔的城子大街建设了一座京门铁路遗址公园。公园景观设计围绕京门铁路建设历史展开，一入园门，就能看到一辆停靠在铁轨上的老式火车头，还有一座铭刻着京门铁路史的纪念碑，配以风车、钟楼等景观建筑。行走于遗址公园内，耳畔响起丰沙线火车疾驰过跨河大桥的轰鸣声，恍惚间又仿佛回到了京门铁路辉煌的年代。

　　门头沟站到野溪站这段区间铁路是城市到山区的过渡段，这段铁路虽不长，但对笔者来说意义很大，可以说笔者关注京门铁路，喜爱上京门铁路，缘起于此。多年前，第一次去门头沟做课题调研时，驱车行驶于通往门头沟山区的109国道上，右侧是碧波荡漾的永定河水，路西泛黄生锈的铁轨随着地势山形走势时高时低、若隐若现，配以颇有风情的小站、毛石贴面的碉楼，与城市公路之间仿佛形成两条并行的时光隧道，轨道那侧一定承载了更多故事。那时笔者不知道这条铁路就是已有百年历史的京门铁路，也不知道它当时还在使用，只是被这繁华城市中存在的这条野趣十足的铁轨所吸引，想知道轨道经过哪里，又通向哪里，沿途又是怎样的风景。由于专业背景的关系，笔者首先想到的是，废弃的铁路能不能被再利用？如果能开发成观光火车在城市间穿行，一定是别样的景致。

　　因为京门铁路与109国道在过琉璃渠村后即分行，在109国道上行驶很难再遇到这条旧铁路，所以笔者一直想亲自走一走这条神秘的线路，此为

京门铁路遗址公园里停靠在铁轨上的老式火车头

繁华城市中的铁轨

本书写作的初衷。

　　小知识：火车铁轨那么容易生锈，为什么不用不锈钢制作？

　　相信大家都有过坐高铁火车的经历，细心的小伙伴一定发现了，纵横交错的铁轨居然是生锈的。我们都知道，钢材生锈会影响铁轨的使用寿命，既然如此，为什么不使用不锈钢来作火车轨道呢？钢材中的碳含量越高，它的硬度就越大，但为了更耐腐蚀，一般不锈钢里的碳含量都非常低，所以不锈钢虽然不会生锈，但抗压强度比较小，没办法承受火车巨大的压力。我国目前使用的是高锰钢轨，这种钢材加入了一定量的锰元素和碳元素，硬度和韧性都得到了相应的提升，能够承受车轮的摩擦和车厢的压力，而且火车轨道还要长年经受风吹日晒，不锈钢无法承受气温的极端变化。热胀冷缩的幅

乌金留痕

度过大的话，钢材容易损坏，没办法保证高铁火车的行车安全。另外，不锈钢成本高昂，最便宜的201不锈钢钢材都要2万多元一吨，而且强度还不一定够。而高锰钢轨每吨3800元左右，最多不超过4300元，因此，出于成本和性能的考虑，高锰钢轨自然是最合适的选择。虽然火车轨道看起来是生锈的，但锈迹大多都是在表层，内部生锈其实是很缓慢的，而且铁路的工作人员每天都会给铁轨做保养，例如涂油防锈，或者定期用仪器检查等，钢轨被腐蚀到一定程度时，也会及时换新替代。

（三）野溪站

从门头沟出站后，经过车站北咽喉，京门线一路向北，沿山傍水开始缓缓爬坡，约6千米后到达野溪站，海拔从100米爬升至150米。野溪站是一个漂亮的弯道车站。离开野溪站继续下行，出了站就是京门的一号隧道，而且

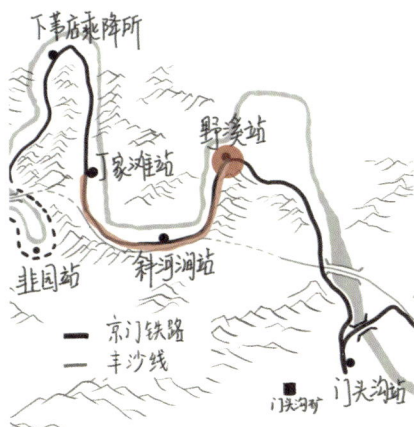

"U"形隧道口及隧道示意图

接连有数个短小的隧道。随后沿着永定河南岸行驶，再次靠近丰沙铁路，经过28千米乘降所后，很快到达丁家滩站，这一段京门线走出一个"U"形，里程约5千米。京门铁路共13个隧道，其中的1至5号隧道在这一区间，是隧道密度最大的区间，其中包含京门最长的4号隧道，长度为418米。

小知识：火车为什么靠左行驶？

在路面上行驶的时候，我国汽车是靠右行驶，但火车却是靠左行驶。关于这件事情有两个说法：一是因为我们国家的铁路最早是由英国人设计的，英国的铁路全部都是靠左行驶的；另一个说法是为了降低发生危险的概率。因为地球的自转，当两辆列车相互交会的时候，火车的惯性是靠左行驶，两辆车因为惯性都会往外偏，这样能够大大地降低发生危险的概率。

（四）斜河涧站

丰沙线与京门线在三家店共站后分行，丰沙线向西北跨丰沙铁路大桥前行；京门线正西向前行，跨京门铁路桥前行至门头沟站，后掉头向北奔野溪站。两线在丰沙铁路桥西打过招呼后继续各自前行，丰沙线向西、京门线向北。丰沙线穿1号、2号隧道后，京门线过野溪站后，两条线路在斜河涧站再次相遇并行，但不靠近。不久丰沙线将穿越裁弯取直的著名工程之一的3号隧道，而京门线却要舍近求远穿梭于西山弧度最大的弯道之一（下苇店乘降所所在弯道）。两条铁路再次相遇将是在京门铁路景致最美的落坡岭站。

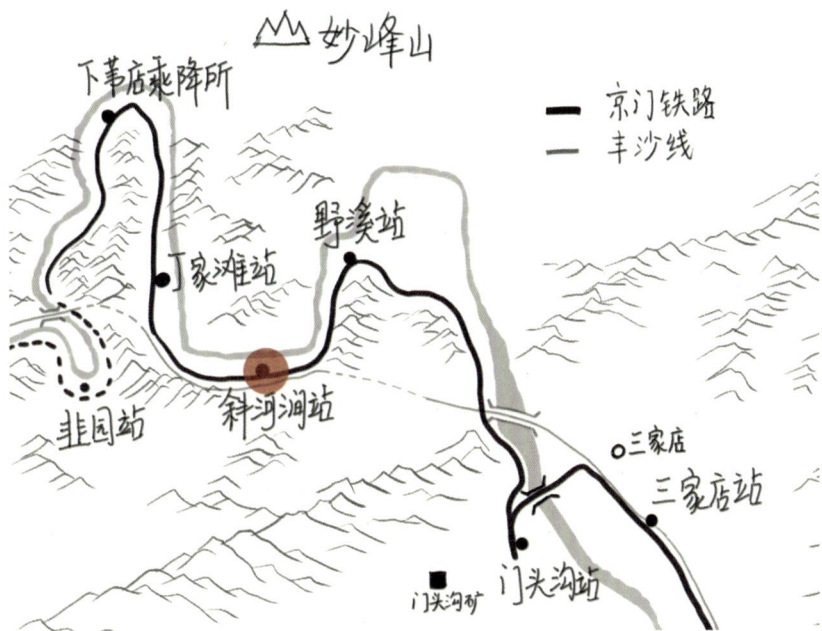

丰沙线与京门线在斜河涧站相遇后，两条线路并行示意图

小知识：为什么以前乘火车时有"哐当哐当……"的声音？

在高铁出现之前，乘坐火车时所听见的"哐当哐当……"声，是大多数人对于火车的初始印象，也是很多人乘坐火车后难以忘却的经历和回忆。而如今在高铁上这种有节奏的"哐当"声响很难再听到。原来的钢轨连接处有一定缝隙，才有了"哐当"声，难道是现在的铁轨之间没有缝隙了吗？在以前的铁轨上，靠近钢轨仔细观察，会发现每隔十余米，两截钢轨之间就会留有一点空隙。这样做是为了解决钢轨的热胀冷缩问题。如果没有这个缝隙的话，钢轨受热伸长时就会相互挤压、扭曲、上拱，使整条铁路变形。夏天天气炎热时，钢轨长度增大，没有预留缝隙的钢轨只能向

丰沙线上的"协和号"列车·

上隆起，显然对行车安全不利。为避免这种现象的发生，必须在钢轨之间预留缝隙。钢轨间的缝隙到底应当留多大合适呢？为了行车安全，轨缝一般不能超过11毫米，由实验测定：钢轨温度每变化1℃，每一米钢轨就会伸缩0.011毫米。在中国，南方和北方的铁路线上，冬夏之间的气温通常可相差80℃左右，根据固体线膨胀关系计算下来，每一段钢轨的长度以12.5米为宜。以前从北京到广州的钢轨间留的缝隙加起来竟有2000米长！

现在的铁轨没有缝隙了，是为了消除这种"哐当"声吗？其实之所以要选择使用无缝铁轨是建造高速铁路的必要条件。由于车轮会对钢轨产生冲击，列车运行速度过高的时候，钢轨间的缝隙会造成火车脱轨的危险。当火车的时速超过140千米之后，就必须使用无缝铁轨。

（五）丁家滩站

京门铁路从丁家滩向北，沿着永定河岸，经过下苇店乘降所后掉头向南，下穿丰沙铁路，经韭园站，然后到达色树坟车站，绕出一个巨大的"OMEGA（Ω）"形路线。这一段路线长约10千米，6至10号隧道即在这一区间。这一段线路非常能代表京门筑路时期的修路水平——遇山绕山，遇水绕水。线路极其曲折，京门铁路过了5号隧道（418米长）后，向北拐向丁家滩站，然后一路绕山，再向南到达韭园站。如果铁路线过了5号隧道后直接向西开凿一条隧道到达韭园站，则可以使线路节省约6千米的距离，但是这一条隧道长达约1050米，是最长的5号隧道的两倍多，这在当时是难度巨大的。通过这段线路京门线于丰沙线2号大桥处与丰沙线相遇，但依然是"相见不相识"，丰沙线在桥上驶过，京门线在桥下穿过。

接近丁家滩站，线路呈南北走向，丁家滩是两股道的小站，两股互为

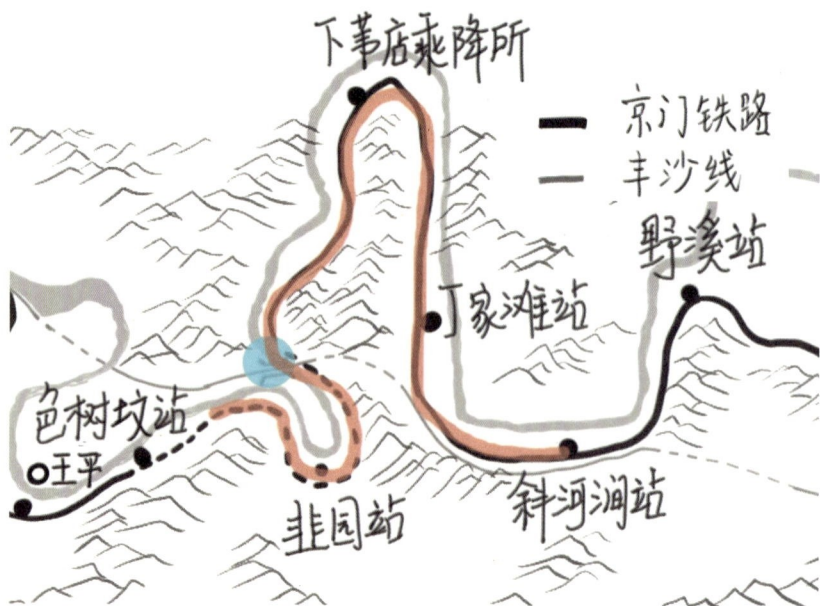

丰沙线"裁弯取直"示意图

丁家滩站

114

侧线，也就是正线进站则侧线出站，侧线进站则正线出站。根据线路情况来看，门头沟方向进站的车往往是侧线进站，这一股道已更换水泥枕木，另一股道仍是木质枕木。这里距北京城40多千米，最近一二十年以来京郊的交通才有了长足的发展，过去丁家滩只是永定河畔的一个小村庄，京城的居民郊游至此，已算得上远行，那时的丁家滩少有人知。近年来交通便捷以致客流汹涌，永定河两岸已变得游人如织，不过也少了些许野趣。

丁家滩站管理车站的陈师傅是石景山人，在丁家滩站工作已有十余年了，他说每天清晨起来从家出发连公交带步行，大约1个小时就到小站上了，我问每天往返两个多小时上班，还要走那么远的路，一定很辛苦吧？陈师傅摆摆手说："不辛苦，不辛苦，这点路根本不算远，交通也挺方便的。在这个站上工作，其实一点也不累，每天多的时候一天一宿也才十几辆车，过年过节的就没车了，在这站上工作，你猜怎么着？就是寂寞！我不是这村上的人，也没什么熟人，这一整天下来，说不上三句话，虽然没几辆车来，但也得守着不是……"

陈师傅操着一口北京腔儿说出这些话，能够感受到他的无奈和对工作的尽职尽责。

小知识：铁路转弯的地方为什么外轨要比里轨垫得高些？

学过物理都知道完成圆周运动需要有一个向心力，火车转弯时也是在做圆周运动，也需要一个向心力。那么，如何得到这个向心力呢？答案在铁轨上。如果可以测量的话，可以发现两根钢轨间的内侧距离总比火车左右两个轮边间的外侧距离稍大一点，轮边跟钢轨间并没有持续的紧密接触。火车行驶在直道上时，车轮与铁轨之间只有正压力，而无侧压力；可当火车转弯时，如果两根铁轨高度一致，则外侧轮边会与外侧铁轨贴得很紧，

内侧轮边与内侧铁轨反而离得更开，此时，外侧铁轨除承受火车的正压力外，还要承受车轮挤压带来的侧压力，这个侧压力就是向心力，侧压力会让车轮与轨道间产生严重的磨损，甚至可能造成外侧铁轨外移，导致脱轨事故。那么怎样才能既消除这种危险的事故，又能给火车需要的向心力呢？筑路工人在铁轨筑到弯道时，总是用适当垫高外侧轨道的办法来解决这个问题，因为倾斜的钢轨对车轮的正压力是向着弯道的里侧倾斜的，这种倾斜的正压力可以认为是由两个分力所合成：一个是竖直向上的分力，它支持车子的重量；另一个是指向圆心的水平分力，这个分力就是火车行经弯道所需要的向心力。这样一来，轨道的侧压力就几乎不存在了。可是，外轨应比里轨垫高多少才算是适当呢？那就需要根据弯道的半径和火车行驶的速度来计算。一旦里外轨的高度差定下，转弯时的行车速度就有一定限制。速度太大和太小，都会使钢轨受到侧压力。如果火车速度大大

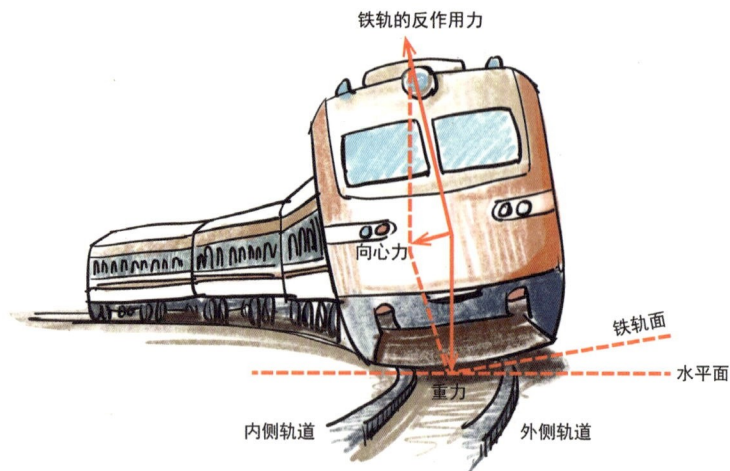

铁轨的反作用力

向心力

铁轨面

水平面

重力

内侧轨道　　外侧轨道

火车过弯道时受力示意图（笔者手绘）

超过规定的行车速度，里、外轨高度差得到的向心力不足以使火车从直线运动变成圆周运动时，火车仍有出轨的危险。

（六）色树坟站

色树坟站所邻近色树坟村，虽然村不大，站也不大，但是这里却是一处六排轨道并行的"大站"，因为这里的下一站就是紧邻王平煤矿的王平站，从王平煤矿出发的货车，第一站到达这里，与以北的木城涧矿、大台矿发出的车辆进行重新编组后再出发去往门头沟方向。经过这里后，列车将一路前行，不再重新编组。站台一侧还有一排铁路宿舍，可以想象以前忙碌的景象。

站台一侧的一排铁路宿舍

我们在这站遇到了车辆管理的韩师傅，他听说我们一路从三家店车站步行过来，非常诧异，十分好奇地问我们："你们真的从三家店走过来的呀？！怎么想着要走这条线儿呀，这线儿上，现在可没几辆车跑了呀，拍不到火车了。"

我们和他说明正在写关于西山工业文化的书，书里有这段京门铁路的内容，想请他给讲讲线上的事儿。他再一次露出了惊讶以及钦佩的神情，并说："你们可真行，还知道这段叫京门铁路呢！现在可很少有人知道这段铁路了，以前还通客运车，现在每天就几辆运煤车经过了，今天过节休息，没车了。这段路最早叫板门铁路，是门大线儿的支线，板门知道都是哪儿不？门是门头沟，开始是从门头沟到大台矿这一段，叫门大线儿，后面往北到板桥村增加了一段，板桥村就是现在的玉皇顶那里，就是木城涧矿那里。我就是那里的人。玉皇顶二月二的庙会，你们有机会一定要去，特别带劲儿！好多名人都到过那里。"

言语间能够感受得到，韩师傅对这段铁路的钟爱与对家乡浓厚的情感。想到不久后煤矿将完全关闭，铁路即将停运，不禁为他伤感，问到这些，他说："唉……矿陆续也停了一些了，时间也不短了，慢慢也适应了，再过两年，都关了，都停了，我也不能在站上了，好在也快退休了，我在这个站上9年了，之前还在木城涧那边待过5年，说没影响肯定不是真话，但也是没办法，为长远打算，这煤肯定是不能再挖了，这铁路不知道以后会怎么样。我们这些快退休的影响倒是不大，就是那些年轻的，岁数不上不下的，以后何去何从得好好抉择了。"

小知识：枕木下为什么铺设碎石？

为什么铁轨底下要铺碎石呢？铁轨和枕木必须能长期承受住往来列车的

色树坟站内的风景

重量，铁轨下铺设碎石可以起到缓冲作用，有效地防止铁轨因列车冲击而下陷。另外火车高速通过铁轨时，会产生噪声和高热量，而碎石的另外两个重要作用就是吸收这些噪声和热量。大家如果仔细观察，会发现铁轨间铺设的都是凿碎的形状不规则的小石子，而不是看起来更美观的圆润光滑的小石头，因为不规则形状的石子更易碎裂，石子碎裂时会吸收火车通过时产生的高热量，而圆润的石头不易碎裂，吸热效果自然也就不理想。

　　铺有小石子的铁轨叫"有砟轨道"，普通火车都使用"有砟轨道"，而高铁却使用"无砟轨道"（少部分路段为有砟轨道），为什么会出现这样的差别呢？虽然铺设碎石有很多好处，但也存在许多缺点，比如需要经

常维护，因为列车经过时带来的强烈震动会使路基上的泥土掺入道砟当中，影响道砟吸热，所以需要定期清筛、更换道砟。另外，道砟再平整也不可能达到混凝土整体道床的水平，并且由于枕木不是刚性地固定在道床上，列车驶过时车轮之间的钢轨会发生形变，这样高铁在高速行驶中很容易发生脱轨。高铁速度快，列车高速驶过时会出现道砟飞溅的问题，所以高速铁路不使用有砟轨道。当然高铁并不是全路段采用"无砟轨道"，在一些进出站的非高架区段等低速路段，仍有少量采用有砟轨道的。

（七）王平站

从色树坟站继续向北，不久就能看到远处高耸的王平矿区建筑。王平煤矿最红火的时候是20世纪五六十年代，那时每天穿过矿场的运煤货车多达四五列。京门铁路在此岔出厂线专门运煤，站房左侧是厂线，右侧是正线。绕过小站房这个弯道，前面豁然开朗，整个矿区即呈现在眼前。

笔者在京门线上一路走来，除去像落坡岭这样的"大站"，其他小站除了工作人员，基本没有其他人，而王平站这里却是异常热闹。这要得益于铁路邻近的王平煤矿，虽然矿场停了，但这里却"因祸得福"，成了京城八大废墟之一，在拍客、驴友当中非常的知名。有专程过来拍人像的人；有来拍废墟的人；也有在铁轨旁追忆过往的人。关于王平废墟的故事，我们将在后面的章节里给大家详细讲述。

小知识：无缝铁轨的热胀冷缩问题怎么解决？

以前修铁路用的是枕木和道钉，压力不够，无法锁定轨道，所以需

要留有缝隙来释放压力。无缝轨就是把铁轨因为热胀冷缩导致的温度形变控制在两个轨枕之间。具体做法就是用扣板和螺栓将铁轨死死地摁在轨枕上。固定装置是具有弹性的（上下方向），来自钢轨向上提升所产生的升力，由固定装置将力转移吸收到自身，并最终将力通过螺丝传给枕木。而钢轨下面橡胶垫的膨胀系数比钢轨大，所以可以一直保持钢轨底部为非空受力状态（无缝钢轨在焊接处是通过紧固件来抑制热胀冷缩的，每个紧固件提供1吨的力，两端各100个紧固件，共计200吨的力）。当然上述描述只是整体上的原理，细节上是很多技术进步的综合，如：（1）在轨道钢材上下功夫，选热胀冷缩形变较小的材料制造钢轨。（2）用优质的轨枕和扣件，压力足够大，将铁轨死死压在轨枕上，顺着轨道方向才不会位移。所有的形变（应力）被锁定在轨枕之间的一小段铁轨里，不会集中爆发出来。（3）焊接技术的进步，充分考虑铁轨当地温度的变化区间，选择适中的温度焊接无缝轨，压紧扣件，专业上俗称锁定轨温。这样温度正负变化所产生的应力都在可控制范围内。（4）列车设计运行上的技术，当车轮行至两根钢轨接缝时，车轮踏面的一部分压在第一根钢轨上的同时，车轮踏面的另一部分同时压在第二根钢轨上了，使两根钢轨同时受力，使车轮平滑通过两根钢轨接缝处，不产生振动。除了上面的因素，也有人认为普通铁路是以石子和枕木为基础的，铁轨无依无靠地裸露于枕木上，与地表不接触，温差比地面大，任何膨胀收缩都是自己承担，做成无缝必然造成隆起或断裂。现在的高速铁路都是高架结构、钢筋混凝土材料，钢轨与路面的温度、膨胀系数都是一致的，无须对钢轨的热胀冷缩做特殊处理。列车经过时造成的升温效应微乎其微，靠弯道以及弹簧和橡胶材料的辅助完全能够消化。至于铆钉，仅仅是起到防止火车脱轨的作用而已。

王平矿区内建筑远景

王平矿区内建筑近景

拍摄废墟的人

坐在铁路旁追忆往昔的人

（八）落坡岭站

　　沿王平站一路向北即将到达京门铁路最美的车站——落坡岭站，这里也是丰沙线与京门线的最后聚首处，从这里分开，京门铁路向西南，奔向其整个旅程最终也是最重要的目的地——木城涧煤矿，去完成运载煤炭走出大西山的神圣使命。左侧两条上下行轨道为丰沙线，最右侧两条为京门线。丰沙线列车正跨过落坡岭大桥，而最下方，隐约可见京门线有些苍凉的身影。

　　落坡岭站于1939年建立，设施也是京门铁路最完备齐全的站。小站紧邻风光绮丽的落坡岭水库，红顶小屋掩映在紫藤树下，沿岸点缀出绽放的桃花，整幅画面像极了武侠小说里的世外桃源。落坡岭站上长年停靠两辆守车，虽然随着铁路线路升级，过去货车的列尾守车已经被列尾装置所代替，但京门线上落坡岭至木城涧区间坡陡弯急，货车车厢只能被内燃机车推着走，在列车最前方需要守车来瞭

丰沙线与京门线的最后聚首处——落坡岭

正跨过落坡岭大桥的丰沙线列车

落坡岭站上长年停靠的守车

望，所以在落坡岭站上一直保留着守车。

　　落坡岭村相较于门头沟斋堂、灵水这样被大众所熟知的古村落，实属不知名。但在一些驴友心目中，落坡岭却是一处神圣又迷人的小村庄。若要问垂钓爱好者，京西首选垂钓之所在哪里，大家一定异口同声"落坡岭水库"；而对于火车迷来说，落坡岭站是他们必来"朝圣"之地；还有那些喜欢拍摄山水的摄影爱好者，他们会一年四季定点拍摄这里的山、水、小站、火车。要问这里的小站到底多被火车迷们喜爱，笔者行走于小村中，随时可见"长枪短炮"的拍客奔赴车站。再看看村口火车迷们的涂鸦墙就一目了然了。只可惜，笔者再次来到这里时，涂鸦因村容村貌整治工程被抹去，实属可惜。

　　前文中提到日本侵华时为掠夺西山煤炭资源，重修京门铁路，沿线建

神圣迷人的落坡岭村

落坡岭村口的涂鸦墙

落坡岭的碉堡内部

设许多防御工事，落坡岭村山头上那座碉堡就是其中之一。现今，这座残破的碉堡失去了往日的功能，却成为一处独特的人文景观，为落坡岭小站增添了些许历史的惆怅。

　　小知识：铁轨到底有多少种，为什么要用不同的？

　　在我们的印象里，世界各地的火车外形大同小异，那么火车下面的铁轨是不是也一样？答案是否定的，每个国家都有自己的铁轨宽度标准，简称为轨距，世界上最通用的轨距为1435毫米，这个结论是从铁轨的内侧测量得出来的，这种尺寸的铁轨被称为标准轨道，也叫准轨，是世界上使用量最大的轨道，运力可以满足当前基本所有载重量的列车，像西欧、北美、北非和中国等都在使用这个规格的铁轨。另外还有窄轨和宽轨两种规

从落坡岭的碉堡远眺

格，顾名思义，比准轨窄的叫窄轨，比准轨宽的叫宽轨。窄轨一般为1067毫米，主要用在长期运载矿资源的专用线路或者是使用在一些人员不太密集的车站上，比如我国非常著名的嘉阳小火车旅游专线就是由废弃矿区的运输火车改建而成。这种轨道投资少、建成快，广泛应用于发展中国家，如印度和非洲、中美洲的一些国家等。而宽轨一般为1676毫米，主要用途是运送大型的货物。使用该轨距的国家主要有东欧大部分国家、澳大利亚、印度、巴基斯坦、斯里兰卡等。在这里，要特别提一下印度的新型轨道，一条线路上面有3根钢轨，叫套轨。这意味着，一条线路上可以走两种不同轨距的车。印度铁路的轨距主要是1676毫米的宽轨，也就是在宽轨里面嵌入窄轨（1000毫米），而窄轨主要方便与周围其他国家的轨道进行接轨，不用耗时进行烦琐的换装、倒转。假如有火车去往俄罗斯或者中国，同样的原理，调整为宽轨、准轨，能有效地节约跨国接轨时间。套轨可以有效地解决不同国家之间铁轨标准不一样的问题。国与国之间的铁轨宽度为什么相差这么大呢？原因是国家之间需求不同，导致建造的轨道不同，但随着全球化的联系日益紧密，全球的地铁线路、机车、轨距逐渐趋向国际化，由于准轨使用的广泛性，以及运力可以满足当前基本所有载重量的列车，必然是第一选择。相信现在铁轨的不同尺寸只是暂时的，未来一定是相对统一的。

（九）清水涧站

在清水涧我们遇到了正在吃午饭的小站工作人员杨师傅，他对我们说，前阵子门头沟区旅游局的领导和专家也来看火车了，他对此感慨颇

多，尤其当我们问起煤矿关了铁路也要停了，对老百姓影响大不大的时候，他说道："肯定是会有一些影响的，像我们这些在线上工作了大半辈子的人，情感突然就没有寄托了，经济上也会有一些影响。不过，要选关不关矿，我肯定支持关！我在这里住了大半辈子，跟你说，我就没敢穿过白衬衫，现在都已经比过去好太多了，以前矿全开着的时候，你们真是想象不到这一带有多脏。真是可惜了这片好山水。前阵子，区里旅游局的领导和专家也来这边看火车了，听说可以把这条铁路做成旅游线路，如果真的可以这样规划，那才是真正发挥这片好山水的作用，不然太可惜了。搞好旅游，老百姓一样能赚钱，你说是不？"杨师傅与我们畅谈，并为我们查看了当天京门列车时刻表。

清水涧站的工作人员杨师傅

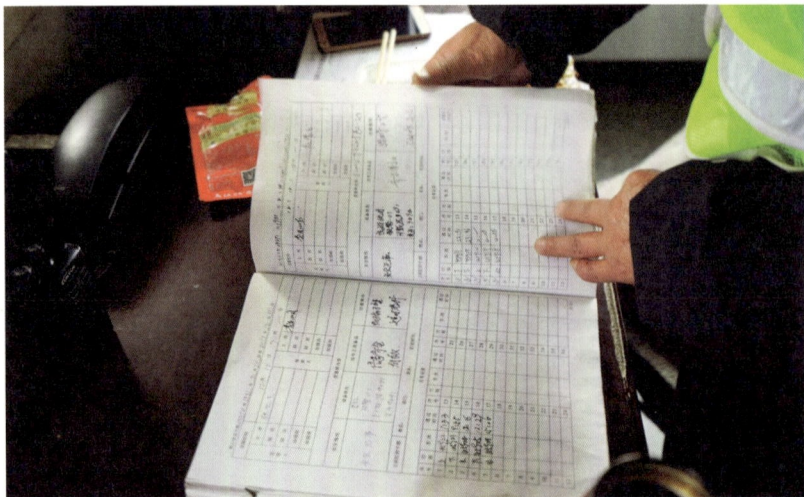

清水涧站的列车时刻表

（十）大台站

大台站有两个特色：一是保存完好的民国风格站房，这是整条京门线上唯一一处保存完好的老站房；二是这里的铁轨直穿洗煤通道，也是唯一一处不用分轨直接装车的站台。在这里，你可以亲见煤炭装车的过程。

小知识：高铁铁轨那么长，无缝钢轨是如何生产出来的？

其实无缝钢轨就像竹子一样，是一节一节的，后期通过无缝钢轨焊接机将每节钢轨相邻两端升温至1000℃以上，然后两根轨道挤压到一起形成无缝钢轨。

这样焊接出来的轨道最长可以达到500米。经过焊接、打磨、检验等一

道道工序，钢轨最终被运送到铺设现场，再与其他轨道再次焊接，最终成为几百千米长的无缝轨道。中国那么大，从南到北都有铁路，这么长的里程，这么大的覆盖面积，用的都是这种无缝钢轨技术吗？中国南方四季温差不大，所以更适合铺设无缝铁轨。在北方，夏季与冬季温差比较大，需要定期对钢轨的应力进行释放，把扣件全部打开，在南方就不用应力释放。最重要的是，无缝钢轨是纯正的"国产货"，是我国自主研发的高科技产品。

运煤列车正通过大台站

大台站民国风格的站房

（十一）木城涧站

京门铁路出大台车站，逆沟而上，经三孔桥跨至清水涧沟右岸，然后穿过13号隧道，到达木城涧站，即京门铁路尽头。京门铁路修建的最主要的目的，就是将木城涧矿生产的煤运出西山。铁路尽头长满蒿草，第三次探访京门线时，笔者终于有幸拍到了运煤列车，而且一路追随它从落坡岭站到清水涧站再到大台站直至终点木城涧站。京门铁路的运煤车辆是东风7型内燃机车，代号DF7，由北京二七机车厂于1982年设计，1985年正式生产，适用于大型枢纽编组站场调车及工矿小运转作业。机车启动加速快，油耗低，噪声小，作业效率高，运行安全可靠，操作和维修方便。

京门铁路上的13号隧道

长满蒿草的京门铁路尽头

东风7型内燃机车研发过程是怎么样的呢？随着我国铁路运输的发展，大、中型编组场陆续开行重载货运列车，当时主力调机为DF2型、DFH5型和DF5型机车，最多只能满足3000t左右的牵引定数。为了满足日渐增加的货运量和机械化的作业需求，1980年，铁道部向北京二七机车厂下达了2000马力调车的设计任务。1980年6月，北京二七机车厂协同铁道部科学研究院机辆所、大连内燃机车研究所、永济电机厂等单位，开始设计DF7型机车。1982年两台样车下线。1982年8月，DF7—0001、DF7—0002两台样车交付北京机务段并在丰西编组场进行运用考核。1984年10月18日，DF7型机车样车通过部级鉴定。1985年1月，DF7型机车获得国家科委、计委等六部委颁发的"六五"国家科学攻关奖。1985年10月7日又获得首届国家科学技术进步奖。1985年起，机车投入批量生产。DF7机车编号为0001—0295。

北京二七机车厂根据两台DF7型0001、0002号样车在运用考核中发现

火车通过落坡岭站

火车通过木城涧区间

火车通过大台站

火车到达终点木城涧站

的问题，对量产型的机车做出了改进。机车采用车架承载式车体、外走廊结构设计，机车上部依次为电器室、司机室、动力室、冷却室和辅助室。司机室设有暖风机、侧壁暖气、电风扇、行李架、衣物柜等设施，司机室设有三个门，其中司机室后壁中部设有通往电器室的小门。机车采用12V240ZJ—1型柴油机，其结构在"北京"型内燃机车的基础上做出了改进。柴油机装车功率为1470kW。机车整备重量为135t，轴重为22.5t，最大速度为100km/h，持续速度为12.6km/h。

四

神秘的标识

　　2017年初，铁路学者王嵬在对京张铁路京门支线进行踏勘时，在五路站至三家店站区间，先后发现三块独特的水泥碑。这些水泥碑掩藏于掺杂着垃圾的渣土里，其中有一块半埋于土中，它宽60.5厘米，厚17厘米。水泥碑西面刻有"刂Ƽ〇"字符，字符下面10厘米处还有个"下"字；东面阴文为"刂二Ƽ上"。王嵬敏锐地察觉到这些水泥碑一定不简单。后经过查证，这些刻有神秘代码的水泥碑正是百年前詹天佑修建京张铁路时留下的刻有苏州码的铁路坡道碑、里程碑标识。西面"刂Ƽ〇下"，换算为如今的表述方式为4‰下坡，东面阴文"刂二Ƽ上"，表示西边的铁路线为8‰上坡。

　　王嵬查阅历史资料发现，这块碑最初位于京门线16华里处（田村附近），1922年里程单位由华里改为公里（千米）后，它被挪到现在的位

刻有苏州码的铁路坡道碑

置。苏州码停用后，阴文符号被水泥抹平，并刷上阿拉伯数字。20世纪70年代，京门线零公里起点由西直门站南侧挪至五路站附近，故全线千米标重新勘定，此里程碑被停用至今。

提起"苏州码"，相信很多人都感到陌生。这是我国早期一种民间的"商业数字"，是中国数字文化演变的产物，由我国古代的算筹——记数符号演变而来。它产生于我国苏州，多用于旧时的商业、手工业、当铺、账务等数字记载。

京张铁路沿线曾发现过6块苏州码碑，加上王嵬从京包铁路卓资山段运到青龙桥的一块，现存于青龙桥车站的码碑总共有7块。这些码碑多为铁路职工自发保护，在将其运到车站内进行保护之前，它们大多散落在铁道里或被掩埋，状况尤为糟糕，其历史文化价值也不曾被发现。

早期外国人在中国修建铁路时，多使用阿拉伯数字。这种使用本国特殊字码的铁路坡道碑，是我国铁路百年沧桑历史的有力见证。众所周知，京张铁路是中国首条不使用外国资金及人员，由中国人自行设计，投入营运的铁路。京门铁路的苏州码碑，不仅代表着我国独特的数字文化，还是我国自建铁路百年历史的见证，是颇具价值的铁路工业遗产。苏州码碑极具历史价值与科学价值，它代表了一个时代，应该对其进行原址保护，使

其历史地标价值得以充分发挥。

以下是苏州码、阿拉伯数字及罗马数字对照表。

苏州码	阿拉伯数字	罗马数字
〡	1	I
〢	2	II
〣	3	III
〤	4	IV
〥	5	V
〦	6	VI
〧	7	VII
〨	8	VIII
〩	9	IX
十	10	X

乌金留痕

第五章　神谷博物馆

　　现今，三家店之西永定河上是桥梁最为密集的区域，上下约500米的河段上，并排横跨有七座桥梁。其中公路桥三座，铁路桥四座。这些桥梁大多与煤炭有关，尤其与京西煤炭联系密切。七座大桥（墩）造型各异，存世时间跨度近百年。登高眺望，最南端的京门铁路桥最低、最短，但历史最悠久；其他几座桥依次由南向北在永定河道上展开，承载许多故事的京门公路桥；最宽、最新的新京门公路桥；最早的现代化闸桥永定河闸桥；见证血泪史的丰纱线铁路一号桥；仅存桥墩的丰沙线旧桥；最北端最高、最长的弧形桥斜军线一号桥。七座桥梁（墩）高低错落，火车、汽车来往穿梭，实属一座跨越百年的桥梁博物馆。

永定河上的桥梁博物馆

一

京门铁路桥

门头沟数百年来一直以畜力运输供京城用煤。随着社会的发展，京城用煤量越来越大，畜力运输已远远不能满足京城对煤的官需民用。为了大量运输煤炭，清光绪三十二年（1906年）6月，商部奏请"接修京张铁路支线，以兴煤业，自是应行筹办之举"，同年7月获准，10月由京张铁路总工程师詹天佑率队勘测设计京门段。

京门铁路由碑梁、麻峪村等处绕至三家店，需跨过永定河才能到达门头沟，所以需要建造跨越永定河的铁路桥梁。京门铁路桥也是由詹天佑主持建造的，是京门铁路最后修建的工程。詹天佑勘测永定河水文后，决定将京门铁路桥建为八孔桥。京门铁路桥全长216.6米，桥墩高7.63米，跨度216.6米，为8孔31.5米上承式桁梁，基底为沙夹卵石胶结，采用明挖基坑，挖深9米多。京门铁路桥桥墩及桥帽皆为圆柱形，用当时的124德国洋灰混合土浇筑而成，铁路桥的钢架为英国制造。桥上最边缘两侧都有人行道，旁边凸出来的地方是避车台，专供巡守工作业和躲避火车之用。桥架上标有"1907"的字样，显示着大桥悠久而光荣的历史。大桥已有百年历史，枕木被风雨侵蚀得很严重，火车经过时都要减速，忙时每天通行十几列从门头沟仅有的两座（木城涧和大台矿）未关闭的煤矿中发出的运煤车，节假日基本无车通行。

小知识：京门铁路桥施工简述

京门铁路桥施工中桥墩的铸造施工量最大，也最烦琐，因为是整座桥

横跨永定河的京门铁路（一）

横跨永定河的京门铁路（二）

的根基所在，所以建造要求最严苛，既要保障能够长期承受火车负荷又要确保桥墩可以抵挡洪水冲刷。桥墩主体分两层，下层为长9.15米、宽5.64米、高2.14米的石材，内部灌注混凝土，其上再筑5.49米高的围墙，中间填以石材及用1：3：6混凝土浇筑。桥墩之上还有支撑铁轨的圆头墩帽，长5.80米，宽2.29米，用1：2：4混凝土浇筑。铁路桥中间铺设基本轨，两侧为固定枕木的压角钢，铁轨下铺设按组标着号码的枕木，共有747根，多为红白松木。

在2008年至2009年的全国第三次文物普查中，京门铁路桥被列入北京市近现代工业遗产名录，它是门头沟近现代交通史上的里程碑。现今京门铁路大桥下屹立着一座镇水金牛雕塑，迎着永定河湍急的河水，暗含门头沟人不屈的奋斗精神。

京门铁路桥静静地坐落在辽阔的永定河上，清晨迎接旭日，傍晚送走晚霞，来往的火车轰鸣伴唱，咏颂着其走过的百年历史。

二

京门公路桥

古时渡永定河，水浅时走"迈石（即垫在水中的大石块）"，水深时就难了。最早的渡河工具是柳条编的笸箩，人坐在笸箩中在河上划行，其后改为木船。明朝万历年间，三家店村西曾有一条横跨永定河的季节性木板桥，一直延续到民国初期，是古代西山大路的重要桥梁，俗称"板桥"。

横跨永定河的季节性木板桥，俗称"板桥"

京门公路桥

板桥，即在河中垒石，上铺木板，用来通行。夏季洪水到来之前，板桥拆除，汛期过后，再重新铺设。清末民初，从三家店至琉璃渠村的永定河上和三家店至城子村的永定河上均有板桥，这两座板桥成为门头沟深山区煤炭经三家店输往京城的重要通道。管理板桥的机构收取的过桥费，主要是京西矿区为运煤牲畜缴纳的过桥费。板桥的维修费用和三家店桥夫的生计，也主要依赖于此。直至1921年，三家店公路大桥又称京门公路桥开工建设，1923年底竣工通车，永定河板桥才结束其历史使命。

京门公路桥是北京最早的现代公路桥，俗称"老洋灰桥"。1921年，京兆尹公署拨款大洋30万元，由华洋义赈会法商承建京门公路桥，由法国工程师设计，设计使用年限为20年，而实际这座桥服役了80多年，后因交通承载量不够才被放弃使用。当年为了保护桥面和征收必要的维护费，曾在桥头设置了临时收费站，由20名路警分段管理，每次向通过的汽车、骡车征收8枚铜钱，就像现今高速公路收费站一样。大桥跨越永定河，是京西地区与京城沟通的重要通道，为永定河两岸人们来往提供了巨大便利。

京门公路桥造型新颖，技术先进，是当时欧洲最流行的桥型，是中国桥梁史上较早出现的新式结构桥。桥体高近18米，有8个跨度为30米的桥孔，上部结构为钢筋混凝土三肋拱、两铰拱桥，上承式组合体系；下部结构为钢筋混凝土空心桥墩。桥长240米，宽9米，两边各设宽1.5米的人行道，中心车道达6米。大桥修好的第二年就经受了一次大洪水的考验，6米高的洪峰冲刷桥基，大桥安然无恙。城子村老居民回忆：老洋灰桥是法国工程师在现场指挥设计的。我们那时才二十六七岁，参加了修桥的工作，日工资50个铜钱，当时每个铜钱能买一个烧饼。修桥用的材料除钢材水泥是进口的，其余的都是就地取材。1939年发大水时，人们能坐在桥头上洗脚。修桥时人可多了，还有高鼻子蓝眼睛的外国人。附近的妇女为施工人

员拆洗被褥，能挣点小钱。

1986年3月，交通部公路科学研究所等三个单位联合对该桥进行技术检测，其混凝土标号达到340号，基础未发现下沉和倾斜现象，主要承重构件的拱桥尚有较大的承载潜力。1986年对该桥进行纵梁加固、拱肋补筋和桥面维修，验收符合设计标准。经过仅投资70万元的整修，1987年7月1日老洋灰桥又恢复通车了。我们询问过往的行人，了解老洋灰桥历史的人寥寥无几。该桥现已超过设计使用年限，一位行人说："要不是桥头立着文保碑，还真不知道我们天天都经过的大桥历史那么悠久呢！"

门头沟三家店村流行的一首秧歌曲儿中有这样一段描绘大桥当年胜景的唱词：

拦龙山美景盛可观，山水难得紧相连。千山流来的水呀，一直往东

京门公路桥头的石碑

154

南，河水滔滔不知根源，远看是一条白玉带，近看浑河水沙滩。对面金桥、银桥有两座，金桥（铁路桥）上一条怪蟒来来回回地跑，哞哞叫唤，冒的都是青烟。银桥（公路桥）上人来车往，好似蚂蚁盘窝一般。我说这话，列位不凭信来，你看，站在了山头，你们四下观。

唱词中的金桥指的就是京门铁路桥，银桥指的是其北面有近百年历史的京门公路桥。京门公路桥建成至今已有90多年的历史，主体工程依然坚固，犹如一条巨龙横卧在永定河上，已成为水闸公园的重要景观。1958年，拦河闸公路桥建成通车，为确保安全，京门公路桥只能走小型车辆、行人、自行车，重型车改走拦河闸公路桥。2002年三家店公路新桥建成通车，京门公路桥封闭，成为门头沟重要的文物保护单位。

三

丰沙线旧桥（仅存桥墩）

日军侵华期间，为了掠夺山西大同煤矿，1939年开工修建塘沽至大同的铁路，丰沙铁路就是其中的一段，到1944年搭建在永定河上的桥墩基本完工，包括琉璃渠、落坡岭在内的隧道已基本全线打通，路基也已成型，但最终因日军在太平洋战争中节节败退，自身难保，铁路未能完成贯通。1945年日本投降，同塘线暂时被人们当作便道使用，修复丰沙复线时拆走原桥面钢梁，只留下一排光秃秃的桥墩，见证了日本侵华的罪行。

丰沙线旧桥墩

永定河第一座现代化的闸

（四）

永定河闸桥

　　永定河三家店水库的水源自河北怀来官厅镇的幽州峡谷，穿太行，转险滩，经沿河城、青白口、雁翅、落坡岭，峰回路转，蜿蜒穿山，到达门头沟区的三家店附近，才算出了峡谷。中华人民共和国成立后，为了防洪，1956年修建永定河拦河闸。此拦河闸原计划建在陈家庄一带，因抬高水位后会影响门头沟至板桥铁路和丰沙铁路的运输，北京矿务局和北京铁路局都提出了不同意见，后将拦河闸改修在三家店，同时配合拦河闸建成了此公路桥。此闸桥是1949年后北京市建成的第一座现代化钢筋混凝土大桥，也是永定河第一座现代化的闸。

　　然而20世纪80年代以后，河水逐渐减少。到1995年，三家店以下彻底断流。自2003年起，北京市政府着手治理永定河，沿河建设污水处理厂，疏浚河道，2010年，洁净的河水在三家店水库截流净化后，经永定河引水渠被直接引进北京城区。通过永定河综合治理与生态修复工程，现今永定河水通过官厅水库及三家店水库的调节，已实现部分通水，并建成多处湿地公园，如王平湿地公园、三家店蒲草湿地公园。

　　与其他湿地公园相比，三家店蒲草湿地公园水面更开阔，静静的湖水与交织在一起的茫茫苇田，湖心岛及对岸湿地中长满的蒲草和野花，以及菖蒲摇曳间偶尔惊起三三两两的水鸟，构成了一幅生动、绝美的风景画。如果你运气好的话，还能看到腆着肚大摇大摆的野鸭和国家二级保护鸟类白鹭。现今这里已成为市民休闲、观鸟、垂钓、戏水的好去处。

五

丰沙铁路一号桥

　　讲这座大桥之前，我们先要说说丰沙铁路。丰沙铁路南起北京市丰台站，终至河北省沙城市站，与京张铁路一样，丰沙线也是连接北京和河北的重要线路。史料记载，詹天佑在修建京张铁路时备选了许多条线路，丰沙线就是其中之一，而且是最被看好的一条线路，但因工程艰巨、财力不足而被迫放弃。中华人民共和国成立后，铁道部决定修通丰沙线。1952年，丰沙铁路破土动工，沿线逆着永定河河谷向西北迂回，桥隧相连，工程难度极大。当时国家资金极度匮乏，铁路建设技术及设备都很落后，什么都得靠人力。而技术设备的落后势必会为安全筑路带来许多隐患，当时坠崖事故频发，为修建这条铁路，一共牺牲建筑工人108名，平均每千米牺牲者超过一人，可以说这是一条凝结了国人荣誉和热血的铁路。

　　为了纪念那些为建设丰沙铁路牺牲的人，铁道部制作了一座丰沙铁路烈士纪念碑，就安放在丰沙线进山的第一个隧道前的小村落里，这里与丰沙线最贴近，能让108位永载史册的烈士，日夜倾听着列车的穿梭，看着自己建造的铁路为祖国建设贡献力量。纪念碑由白玉石制成，碑身上刻"修建丰沙线烈士永垂不朽"11个字，下面基座上刻"1952—1955"，碑顶为金字塔造型，正面刻有铁路路徽，背面密密麻麻篆刻着英雄们与洪水、落石、塌方、风沙等恶劣自然条件抗争的感人故事。

　　丰沙铁路建成通车后，北京至包头间的运输不再受八达岭地段大坡道线路的限制，并成为晋煤外运的主要通道。现在由北京发往张家口方向的大部分客运列车也已改行丰沙线。全线沿永定河岸北上，蜿蜒穿行于高山深谷之

修建丰沙线烈士永垂不朽

丰沙铁路烈士纪念碑

中，遇河架桥、遇山开道，形成隧道密集、桥梁众多的特点。

　　建于1972年的丰沙线永定河一号桥，是横贯水闸东西走向的大型双线铁路桥，位于三家店站与斜河涧站之间，架在废旧桥墩南侧，由2孔23.8米和20孔31.7米的预应力钢筋混凝土梁组成，桥高25米，全长711米，设计抗洪能力为三百年一遇。低矮的旧桥墩和高大宏伟的丰沙线大桥形成了鲜明对照，见证了历史的变迁。

丰沙线列车正通过大桥

六

斜军线一号桥

第六座桥是1985年建成的大同至秦皇岛的电气化铁路桥梁。此桥是三家店之西永定河上最为壮观、最为高大的桥。在水闸北部还有一座彩虹般的弧形大桥，那是连接丰沙线与城郊环城铁路的大桥。它建于1985年，全长1047米，共34孔，呈圆弧形延伸，在河面上弯转了近90度，是全国罕见的弧形桥梁。

在河面上弯转了近90度的斜军线一号桥

七

新京门公路桥

第七座桥是2002年建于"老洋灰桥"旁的新京门公路桥。新京门公路桥长259.94米，宽24.6米，双向六车道，桥面通车宽度是老洋灰桥的3倍，它成了永定河出山口公路的主要通道。政府原计划是拆掉1921年建的老桥，在原址上扩建新桥。老桥虽经多次修缮仍满足不了快速发展的交通需要。后经多方论证，老桥虽然不能满足运力，但仍有使用价值，而且作为北京的第一座近代公路桥梁，更有其文物价值，应予保留，遂在老桥旁边并排修建了新桥。

现今，三家店之西的永定河上，七座桥梁如同七道长虹，并排横卧在永定河上。公路桥上，人来人往。铁路桥上，不时有运煤火车飞驰而过。这七座桥梁体现出三家店一带地理位置的重要和经济的繁华。

新京门公路桥

乌金留痕

第六章　因煤而兴的村镇

一

三家店村

（一）深厚的煤文化

三家店村位于永定河的出山口，也是明清以来京西古道"西山大路"的入山口，是永定河流经平原与山区的交界处。特殊的地理位置，优越的自然环境，孕育了三家店村丰厚的文化积淀。其中，煤业文化遗存尤为丰富。

三家店于明代成村，村落因设有三家店铺得名。伴随着北京煤业的发展，三家店村曾繁盛一时。清代京师素有"东看张家湾，西看三家店"之说。张家湾是京杭大运河的北码头，为京师运来江南之粮；三家店是京西矿区的煤炭集散地，为京师提供了煤炭能源。两地为当时拥有百万人口的北京城解决了吃饭取暖问题，两地也发展成为北京郊区最为繁华之地。

三家店煤炭虽享誉京师，但三家店自身产煤并不多，全因三家店的煤厂规模大、数量多、交易广而闻名遐迩。三家店的煤厂有着得天独厚的条件。旧时，京西矿区的斋堂、王平、板桥、大台、煤窝一带的煤炭运往山外销售，沿西山大路走三家店入京是最为便捷的通道。三家店之西是山区，之东是平原，正处于矿区与京城的中间位置。山区以人力、畜力运煤，到城里路途太远，当天不能返回，多半在三家店留宿；城里到矿区购煤，到三家店后，再往西车辆和骆驼不便行走，三家店自然就成了煤炭销售的中转站。

三家店出现了众多的煤厂、煤铺、煤店，许多煤窑和当地居民在此从事煤炭的买卖、囤积、加工、零售、批发等工作，许多城里的煤厂也在

三家店设立山栈。三家店出现众多以煤业为生计和为煤业服务的人群。有的资金雄厚自己设厂当老板；有的无钱无权在煤厂出卖劳力，在煤铺担任伙计，或充当煤牙捐客；有的专门饲养牲畜，购置车辆，从事煤炭运输；有的专门为运输户服务，从事饲料供应，为骡马钉掌，修理鞍鞯、车马用具、计量用具，编制煤筐、煤篓、煤驮子，缝制煤口袋。

清代中后期至民国时期，三家店出现一批因煤致富的大户，村中有运煤骆驼上千头。有的煤业大户一家就有骆驼百头，大车十几辆。煤窑在此售煤，用户到此取煤，商人在此发煤、批煤，运输户在此卸煤、装煤、倒煤，北京煤炭的产、运、销在三家店被有机联系起来，使三家店繁荣异常。

三家店三里长街曾有商号百家，每日商旅往来，熙熙攘攘。有时夜间点起汽灯，如同白昼。清光绪三十四年（1908年），京西运煤铁路经三家店修往门头沟，永定河西的产煤大多就近运到门头沟火车站外销，三家店的煤炭集散地遂逐渐萧条。1920年，京门公路在永定河上架起桥梁，京西产煤可直接通过铁路和公路运输，三家店作为煤炭中转站的地位日渐式微，终致门前冷落人马稀。

在中华人民共和国成立后的几十年里，三家店仍然在京西有着重要影响。1990年，三家店仍有住户1584户，3916口人，周围分布有20多家企事业单位，三家店仍是门头沟区境内户数、人口最多的第一大村。在三家店村内，还保存有众多的煤业文化遗存。村内众多的煤业古建筑，述说着京西煤业的历史沧桑；众多的煤炭碑刻，记录着京西煤业的发展历程。

与街头休闲的老人聊起家常，他们还会情不自禁地讲起三家店古老煤业的逸闻趣事。三家店随着岁月的流逝，其深厚的煤业文化积淀越来越受到人们的重视，就像是地层深处的宝藏，随着发掘的深入，慢慢展露于人前。现今，在三家店还可见到各种形式的煤炭制品和废弃的老磨盘。

三家店村古朴的胡同

放在台阶上的煤制品

（二）煤业碑

三家店村众多的煤业碑刻，记载着京西煤业的沧桑历史。

其一为清乾隆五十一年（1786年）《重修龙王庙碑记》。此碑现存于三家店村西的龙王庙正殿前廊之下，碑中记有三家店村附近众多村庄、地主、商号、煤厂、煤铺、煤店、煤栈的名称及其为修庙捐款的数额。龙王庙为四合院落，保存有四海龙王像和永定河河神像。门头沟区政府已于1981年将龙王庙列为门头沟区第一批文物保护单位。

其二为清光绪七年（1881年）《重修龙王庙碑》。此碑现存于三家店村西的龙王庙内，碑上也有众多煤厂、煤铺、煤店、煤栈的名称。

其三为清乾隆十三年（1748年）《二郎庙重修碑》。此碑现存于三家店村村后的二郎庙院内，碑上记有三家店村附近民众及煤业商号捐资修庙的经过。二郎庙为四合院建筑，原供奉有治水功臣李二郎像，此庙现作为教师宿舍使用。二郎庙在北京并不多见，京西仅三家店村独有。因历史上治理永定河的重大工程多与三家店有关，故二郎庙设于此处。门头沟区政府已于1998年将二郎庙列为第四批区文物保护单位。

其四为清道光八年（1828年）《三官庙碑》。此碑现存于三家店村的三官庙内，碑已残坏过半。碑文记载了三家店村及其附近的商号、煤厂捐资修庙的情况。三官庙现为村中副食商店。

其五为清光绪九年（1883年）《三官庙碑》。此碑现存于三家店村的三官庙内，也记载有三家店及其附近村庄、商号捐资修庙的经过。

其六为清咸丰五年（1855年）《京都顺天府宛平县玉河乡三家店村白衣观音庵重修碑记》。此碑现存于三家店村村中央的白衣庵内，碑文记载白衣庵创于唐代，可知三家店村村名之古。碑上还记有修庵的经过和参与

修庵的煤厂、煤铺、煤窑的名称。白衣庵为三合院落，现为三家店村居民委员会办公室，门头沟区政府已于1998年将其列为第四批文物保护单位。

其七为清同治十一年（1872年）《重修西山大路碑记》。此碑也存于三家店村白衣庵内，碑上记有京西众多村庄、商号集资整修西山大路的经过。有意思的是，在门头沟的牛角岭关城西侧山上，也有一碑与此碑碑文相同。从三家店村所存碑刻记载的时间来看，从清乾隆年间到光绪年间，延续近200年。有的煤厂名称在不同年代的碑刻中曾多次出现，可见其已发展成为煤业百年老字号。在一个村庄中，拥有如此众多的庙宇，如此众多的煤业碑刻，如此众多的煤业老字号，这是非常罕见的，既说明了三家店历史上的繁华，也说明了三家店与煤业关系的密切。

（二）殷家大院

清末民初之时，三家店村中有商号100多家，而经营煤炭者多时有十数家。当年较有名望的煤行字号有"天利家""义源家""泰山家""广盛家""李煤厂"等。其中殷家经营的天利煤厂，曾一度是京西最大的煤厂之一。

天利煤厂是经营煤业两百多年的老字号，由殷姓家族创建于清道光前后，同治、光绪时期达到鼎盛。现今三家店内的白衣观音庵、龙王庙、三官庙内碑记中都提到过该煤厂，可见天利煤厂在当时煤厂中的地位。据传殷家是从山东青州府迁至三家店，至今已有十四五代人。殷氏一族中名声最旺、家族事业最鼎盛时期是殷海洋持家之时。殷海洋不仅开设煤厂，还在朝廷做官，曾担任过北平市总商会会长一职，虽时间不长，但足以显

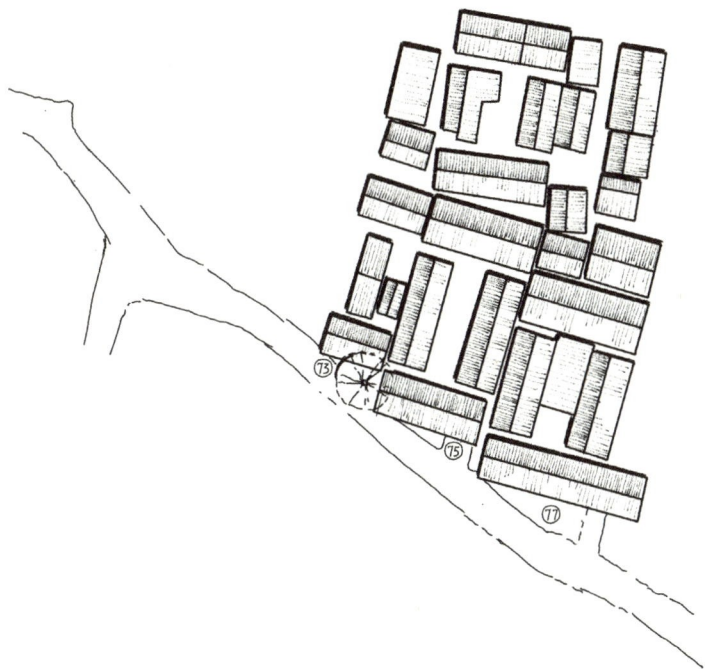

笔者根据文字记载及现场勘查所绘殷家大院现状平面图

示其在业界的声望及其雄厚的资本。殷家的煤厂不单开在三家店，还分布到门头沟及房山地区，甚至拥有房山坨里高线的股份。正是因为拥有这样的经济实力，天利煤厂的建设才拥有今天我们看到的规模，不仅建筑面积大、建筑数量多，而且处处显示了殷家奢华、精致且与煤炭息息相关的生活方式。

天利煤厂占地面积3508平方米，建筑面积1048平方米，共有房屋73间，大门14个，俗称"殷家大院"，是反映门头沟煤业发展的重要实物遗存，2001年被列入北京市文物保护单位名单。大院由8座独立院落组成，门

户重重，相互阻隔，但又院院相通，曲径通幽。长久以来，大院因多次易主，增添了许多新建筑，格局与当年出入很大。

殷家大院的主体建筑建于清咸丰年间，此时正是殷氏家族的鼎盛时期。房屋皆以青石为基础，磨砖对缝。整座大院布局严谨，建筑精良。殷家大院的中院是殷家的居住院（中街75号），由36间房屋构成主次分明的两进四合院，是当地保护最完整的大院，外墙整齐，没有损坏，墙上有北京文物保护铭牌，是明清煤业发展史的最好见证。墙内有雕花如意门楼、双扇门，大门开在西南角，与倒座房相连，门板上刻有红底金字的楹联"孝友征家庆，诗书启世昌"，前面有雕刻精细的门墩石一对，从楹联中可以看出殷家期盼以孝治家、以文济世。院墙沿用八块黑瓦组成一个古代铜钱镂空花纹，一排十六组，寓意富贵。

踏进大门，里面是木罩门，院内有两处雕满精美图案的山墙影壁，东西两房也有精致的砖雕跨山影壁。一进院与二进院之间有一座大门楼，整个院落的甬道都用青石铺装，青石间布满杂草与青苔，充满了年代感与沧桑感。穿过大院进入后院，这里是殷家长者的居所，后院的东南角有通往煤厂、账房的大门。如今，这里被分隔成多个房屋，由业主租给不同住户，俨然已变成了大杂院，失去了往日的辉煌。住在这里的老人告诉我们："我听过去的老人讲，殷家过去名气很大，生意做得也大，尤其是殷海洋当家的时候，那时候北京、天津都有他家的分号，是京西煤炭这行的老大！那时候从大院里走出去的驼队浩浩荡荡，每天都不间断，从这里一直走进京城，走过去的老煤门，也就是现在的阜成门，后来因为铁路的开通和中英煤矿的开采才衰落下来。"

东院（中街73号）是天利煤厂的核心院落，大门面阔一间，既无门槛，亦无踏步，是煤厂进出车辆和运煤骆驼的唯一通道。设有门房负责验

殷家大院中院（中街75号Ⅲ的大门）

天利煤厂的核心院落

收、放行，大门向北的一大片空场则为当时的储煤场。大门西侧为东院正院，是一组二进四合院，正房及倒座房皆五间，两厢各有配房六间，皆为硬山清水脊。

全院方砖铺地，条石砌甬路。前后院之间有墙相隔，正中是清水脊门楼，此院是储煤厂大院内的办公机构。距该院十余米的西南角的独立小跨院是煤厂的账房所在地，正房三间，东厢房六间，围墙高两米多，外形无特别之处，唯大门由四扇厚木板组成，门板上有门插和穿杆，大门正面镌刻"元亨利贞"四个大字。既安全又便利，是非常有特点的建筑格局。

殷家大院的格局至今仍然是当时的形制，建筑基本完好。有的房屋内还陈设着古旧家具和器物，庭院中有鱼缸、石榴树，显示着主人的家道殷实。殷家大院最令人惊叹的是院门、院墙、山墙上的砖雕石刻，构思巧妙、图形

繁复、玲珑剔透、雕刻精细且内容琳琅满目，有花鸟人物、市井风光、渔樵耕读、福到眼前、万字不到头等。其中为了表现殷家以煤兴家、以煤立世，加入了驼马运输煤炭景象的砖雕石刻，实属难得的煤业史迹遗存。而像仙鹤、钱币、中国结这样代表长寿和财富的元素更是屡见不鲜。

院门上的雕刻纹饰

　　由于殷家常年经营煤业，所以大院里的砖雕图案中出现了人和牲畜在京西古道上运输煤炭的劳动场景，这在砖雕艺术品中可说是绝无仅有的。旧时工匠都来自乡村民间，走街串巷以手艺为生，所以他们雕刻的图案的灵感都来自日常所见，极富生活情趣，和北京城里的官府雕饰截然不同。砖雕中还有很多梅花图案，取其谐音"煤"，和殷家的煤炭生意相互呼应。"松鼠葡萄"的墀头砖雕是三家店留存下来的砖雕中较为精美

的一幅，现存于殷家大院分割出的三家店中街77号院。葡萄寓意"多子多孙"，梅花取其谐音"煤"，梅花间有欢腾的老鼠，是何寓意？旧时煤矿工人像老鼠一样在打洞，所以以前的煤窑尊老鼠为窑神，不能打，需要供奉，在圈门窑神庙里曾供奉老鼠神像。古代人民对鼠的喜好褒贬不一，但是门头沟地区一直有崇拜老鼠的风俗。旧时这里的几百处煤窑中还将老鼠供奉为"窑神"，煤老板的宅子里自然缺少不了它的身影。但从艺术形象的角度考虑，在家居雕刻中常常会用松鼠代替老鼠的形象，所以这幅以松鼠吃葡萄为题材的砖雕也就是多子多福的象征。

京西乡村的大多数砖雕都在20世纪的那个动荡年代中被损毁，为什么唯独三家店保存得这么好？

村民们说，当时大家用黄泥把砖雕糊住，全部封存了起来，这才让它

殷家大院分割出的三家店中街77号院

们侥幸留存下来。直到如今，这些重见天日的砖雕还残留着当年封存时留下的黄土痕迹。

清光绪三十四年（1908年），北京城至门头沟的铁路修通。1921年，北京城至门头沟的公路修通，京西矿区产煤在门头沟可直接通过铁路、公路外运，三家店逐渐失去煤炭集散地的作用，许多煤厂也转而经营其他行业。此时殷家大院后人殷海洋，在煤厂经营难以为继的情况下，转而投资房山高线的煤炭运输。1925年，殷海洋家族又与人合资，在门头沟的圈门建立煤业治水公司，购置锅炉，开凿立井，为门头沟小煤窑排水收费并采煤，使门头沟煤业治水公司成为北京第一座由民族资本兴办的拥有机器动力的近代煤矿。

如今，门头沟被定位为北京市生态涵养区，所有煤窑已于几年前全部关停。殷家大院更是破败了半个世纪，被分割成为多个大杂院，早已不复当年的辉煌，只剩下这些砖雕仿佛还在讲述着当年的往事。

二

王平镇

（一）王平镇

王平镇历史悠久，史料记载镇内曾发现有古人类活动的遗迹，证实早在春秋战国时期就已经有人生活在此。东石古岩村对面的山梁还曾经发现过东周时期的陶片、战国时期的刀币、汉代的铁剑和箭镞。王平镇地处交

通要冲，境内及周边古道纵横，109国道和丰沙线铁路从境内穿过，是古今北京通往祖国大西北的重要交通走廊。此处在古代曾经是边关重镇，兵家必争之地，境内有许多古代军事遗存。

　　王平镇境内高山耸立，低山连绵，永定河逶迤环绕，落坡岭水库隐于山峡之中，湖光山色，风景秀丽，地形多样，果林密布，物产丰富。此地尤以矿产最为丰富，煤炭开采历史悠久，也富含制造电池所用的灰岩、耐火黏土等，历史上曾是著名的砂锅产地，过去是北京重要的手工业和重工业区，现今这里的王平湿地公园是门头沟重要的水源涵养地之一。

王平湿地公园

（二）神秘的王平废墟

每当看见那些高耸的烟囱、废弃的厂房，都会牵出儿时的回忆，看到那些苍凉的景象，总会试图勾画它曾经的辉煌，就像余秋雨先生在《废墟》里的描述：

废墟是毁灭，是葬送，是诀别，是选择。时间的力量，理应在大地上留下痕迹；岁月的巨轮，理应在车道间碾碎凹凸。没有废墟就无所谓昨天，没有昨天就无所谓今天和明天。废墟是课本，让我们把一门地理读成历史；废墟是过程，人生就是从旧的废墟出发，走向新的废墟。营造之初就想到它今后的凋零，因此废墟是归宿；更新的营造以废墟为基地，因此废墟是起点。废墟是进化的长链。

王平就是这样一处"废墟"。它曾是一座年出产百万吨优质烟煤和无烟煤的大矿，是"京西八大矿"之一，辉煌一时。1958年建设投产的王平村煤矿是王平镇的支柱产业，煤矿隶属于京煤集团（前身是京西矿务局），是中华人民共和国成立初期国家大力支持发展第一产业时期建设的煤矿企业。其煤田范围东到永定河边，西越过王平村口直至木城涧矿，南到北岭十字道村，北过平安沟（在王平村以北山中修建的一条排水暗沟），总面积达13.5平方千米。历史的车轮滚滚向前，如今人去楼空，草木皆散，王平煤矿就这样静静地驶过时代的大变革，只剩零星物件印迹，向我们讲述着属于那个时代的辉煌。

如今这里虽没了往日繁忙的景象，却成为"京城八大废墟"之一，颇有名气。许多热衷探险及喜爱废墟文化的拍友特地过来拍照。在煤矿大

门前一位骑摩托车的老者引起了笔者的注意，他不像其他参观者那样热衷于拍照，而是非常专注地审视着这个矿区，沉浸在自己的世界里。上前一问，原来老者曾是矿上的矿工韩师傅，这次"五一"节假日专程骑摩托从朝阳区太阳宫过来看老厂。韩师傅和我们分享了那些年矿上的许多往事：

"我是通州人，1977年矿上到通州招矿工，我就过来了。当年整20岁，虽然只在矿上待了七年就走了，但这是我的第一份工作，这里留下了我太多的回忆，所以感情很深，早就想回来看看了。"

我们惊讶于他怎么会从通州那么远的地方来王平矿上工作，而且矿上的工作想必也一定很辛苦，韩师傅说："矿上挣的钱相对多一些，能下井的话月薪能有60到70块钱，城里的工作挣得多的也就50块钱左右。那时候年轻，浑身都是劲儿，哪儿挣得多就去哪儿，只是没想到矿上的工作那么苦！那时候白班夜班两班倒，白班上班时间上午六点到下午两点，虽说是六点下井，但凌晨四点就得起来，要洗漱、吃饭、检查设备、穿戴工作服等，花费很多时间。下午出了矿，换脏衣服、洗澡、吃饭、忙活完也就五六点了，一整天下来就是连轴转十三四个小时，真是累得慌。白班夜班两周一倒，真是昏天暗地的。"

问他后来为什么离开王平，韩师傅回答："我在矿上虽然待了七年，但实际下井工作是四年，之前在井上工作，主要是培训、拿等级。那时候三级以上的矿工才可以下井，能下井挣得也更多一些。后来终于熬到可以下井了，一方面感觉实在是太辛苦了，更主要的是矿上平均每年都有一两名矿工遇难，到我工作的最后一年，我的班长和同寝室的一位工友遇难走了，我既伤心又害怕，实在干不下去了，就决定离开这里了。人虽然走了，心却一直惦记着，我的许多朋友都是那时候的工友，是一辈子的好朋友，我们一起挨过苦日子，一起共生死过，这些经历真是一辈子也忘不了。"

访谈结束后，我们询问可否为他拍张照片放进书稿里，他欣然同意，并很高兴他的经历可以写进书里。谈话间笔者能深深地体会到，虽然没有为采煤事业贡献终身，但韩师傅对这份工作、对这个矿的深厚情感，那些辛苦拼搏的汗水，那些逝去的朋友，那未完成的事业，都是他一辈子难以忘怀的经历。

煤矿大门紧挨着京门铁路，当年正是那些运煤的火车连接起了矿区和大山外的世界。如今大门只剩下两根门柱，顶上分别刻着红五星，寓意一颗红心向着党。柱子上"拼搏进取"的字样依稀可辨。

韩师傅与王平煤矿合影

煤矿大门外的京门铁路

煤矿大门内长长的铁桥

走进大门，迎面而来的是一座长长的铁桥，桥上早已锈迹斑斑，想象当年的矿工们通过这座铁桥往返于矿井、宿舍楼之间，虽辛苦却充满干劲，谈笑风生、熙熙攘攘的场景。

栏杆左侧耸立着废弃的洗煤楼，上面依稀可见"1960"及"鼓足干劲，力争上游，多快好省地建设社会主义"的字样。洗煤通道在远处高山的衬托下显得格外沧桑。楼顶有一颗金属质地的五星雕塑，彰显了那个时代的特色。洗煤楼下就是装车台，可同时容下两列装车，那些被工人们开采出来的煤炭在这里被装上火车，运到世界各地。

楼顶彰显时代特色的金属质地五星雕塑远景

职工宿舍楼爬满藤蔓的老宅在暗影下，黑洞洞的门窗仿佛一直审视着来访者。而当你终于鼓起勇气踏入其中时，不足10平方米的一个个单间

楼顶彰显时代特色的金属质地五星雕塑

洗煤楼下的装车台

中，到处是凋敝零落的墙面，满地的玻璃废砖。木质窗框早已腐朽，玻璃不见踪影，每扇窗户外面都形成了天然的风景画。墙外还有涂鸦爱好者留下的精美作品，为这座废墟增添了许多艺术气息。

曾经显赫一时的王平煤矿如今已破败不堪，但依然有许多人热爱它，当你踏进这座神秘的废墟就能感受得到，这些废旧的厂房、门窗、散落的物件所构成的光影有恬静、有神秘、有深邃、有沧桑、有震撼；一定有探险爱好者来过，他们为这片废墟增添了更多的神秘色彩。

曾经繁忙的矿区，如今已经残垣断壁，棘地荆天。很多厂房已经门窗全无，为了把其中的大型设备移出楼，得把墙凿开大洞才行。站在装车楼顶上俯瞰大地，碎裂的砖瓦宣告着矿场的死亡，工业文明覆盖着黝黑的泥土，

职工宿舍楼

窗外的天然风景画

外面的天然风景画

涂鸦爱好者留下的精美作品

新生的绿植不管不顾地从夹缝中钻出，回忆和现实在此处隔空交错。

行走于空旷废弃的厂房中，酒杯、胶鞋、安全帽、大茶缸、棉衣，仿佛还能听见工人们谈笑风生，想象络绎不绝的矿工们在工作了十几个小时后，从井下的黑白世界返回这个阳光明媚的世界。他们可能拖着疲惫的身体，一言不发；也可能在为今天的业绩感到高兴，正兴致勃勃地聊着今晚去谁的宿舍打牌。他们走进浴室，从头到脚，冲掉煤灰。这时，才能见到每个人的本来面目。今日再也看不见浑身黝黑、头顶探照灯的矿工，也不见一列列满载煤炭的列车驶出矿区，还有那矿工手指缝中怎么洗也洗不干净的煤渣……王平煤矿的历史使命已经完成，煤矿已成遗址。

探寻废墟遗迹，是为了让更多人了解那个年代的辉煌，它们已不被时代所需要，可那些激情与热血、奋斗与努力，一个个家庭和无数的工人们

空旷的废弃厂房中的物件

在这里留下了他们的青春与汗水，都是值得被记录下来的。那些酸和甜、苦与累确实在这片土地上发生过，存在过。这是一群人的记忆，也是一座城市不断发展的印迹。

我们仅以如此微小的力量，窥得那个年代的"蛛丝马迹"，让更多人铭记过去。

那些美好的回忆从未消失。余秋雨先生说，"时间的力量，理应在大地上留下痕迹"。你相信这些"理应的事"，就愿意记录下这些痕迹。

被新生植物覆盖的工业文明

第七章

伤痕

生活的文化遗产

京西煤业文化遗产是京西门头沟地区的传统文化，历史悠久，内涵丰富。京西煤业文化主要包括矿山文学、生产习俗、行业规约、行话俗语、信仰崇拜、节日习俗等内容。

一

矿山文学

如果你没有看过《盖棺》《丹凤眼》这两部小说，也一定听过或看过由赵宝刚执导，许晴、王志文等主演的电视剧《皇城根儿》。电视剧改编自同名小说，作者陈建功，曾任北京作协专业作家，现任中国作协第七届副主席、书记处书记，兼中国现代文学馆馆长，全国政协第十届委员，中华海外联谊会常务理事。

陈建功人生中第一个重要的十年即是在前文中我们讲述过的木城涧煤矿上度过的。那时由于取消高考制度，本在人大附中读高二的陈建功被分派到煤矿上参加工作，他曾在采访中提及初到矿上工作的情形：

一开始是打岩石，扛个风钻，打通通往煤层的道路。在井下干活的时候，每天都是早上4点半起床，匆忙吃点东西就出发。到井口要穿过一个山谷，冬天寒风凛冽，前一天下班脱下的衣服，因为又是水又是汗，已经冻成铁板了。我要把它掰开，把身上的棉袄扒光，光溜溜地穿上那件冻了一夜又潮又冰的衣服下井干活。8小时后再从井下出来。每天从准备入井到从井下出来的时间得十几个小时。那个时候还经常搞会战、献礼，天天顶着

炮烟冲，得猫着腰，几乎是爬着进去，才能不被呛着。

　　陈建功在业余时间里拿起笔，开始了文学创作。1973年12月，《北京日报》发表了陈建功的第一篇短篇小说《铁扁担上任》。

　　恢复高考后，陈建功考入北京大学，在大学期间他就在酝酿撰写一部以矿山为主题的小说，后以其在矿山工作时结识的人物为原型完成了短篇小说《盖棺》，被《小说选刊》选为创刊号的头题，使陈建功在文学界人气蹿升。陈建功出版的第一部书是短篇小说集《迷乱的星空》，小说集合了他在矿区工作时的作品。每每被问到成功的原因，陈建功都会把其归结到"对生活的感悟，包括宝贵的矿区生活感悟和进入北大后对生活的再感悟"。大学毕业后陈建功发表了矿山题材长篇小说《丹凤眼》及《飘逝的花头巾》等代表作，连续获得全国优秀小说奖。

　　陈建功作品中的人物和故事都是源于普通生活，而早期作品更是源于其矿区经历，他的作品并不看重故事性的剧情，也不着重描写缠绵悱恻的爱情故事，而是由一幅幅生动、真实的生活画面组成，着重刻画人物的内心，塑造那些与命运抗争、与世俗开战的一个个鲜活的小人物。他总是能从人们日常的生活、工作、学习中挖掘出具有时代特征的最真挚的情感，然后把这些情感融于刻画的人物中。阅读陈建功的作品时，不知不觉中会让人产生一种向上的力量，整个人都会充满斗志，或许这就是好的文学作品的力量。

二

煤业习俗

　　旧时京西煤业习俗文化主要表现在生产习俗、行业规约、行话俗语、信仰崇拜、节日习俗等方面。在京西门头沟地区近千年煤炭开采的生产、生活实践中形成的极具地方特色的煤业习俗文化，既是中国传统煤业文化的典型代表，也是极具特色的中国非物质文化遗产。

（一）崇拜窑神

　　"窑神祭祀"的习俗在京西矿区由来已久，是过去矿区人民社会生活的重要组成部分。这种独特的煤业祭窑神习俗，是一份丰厚的历史学、民俗学文化遗产。

　　崇拜窑神是京西煤业民俗中的典型。"窑神"也称为"窑王爷"，是旧时煤业供奉的行业"祖师"。我国煤业供奉窑神的习俗早已有之，窑神的神祇也各有不同。常见的神祇有长于炼丹之术的老子、《封神演义》中的火神罗煊、炼石补天的女娲等，但旧时京西煤业供奉的神祇却与众不同。大多数京西煤窑供奉的窑神不是什么神仙，其原型是一个被称作"魏老爷"的矿工，充满了人性化的世俗色彩。

　　京西自明代起就出现了供奉窑神的庙宇，俗称窑神庙。京西的窑神庙有圈门的窑神庙、木城涧的玉皇庙、永定乡王村的月严寺。门头沟圈门窑神庙是京西规模最大、最有代表性，也是保存最完整的窑神庙，创建于明代，窑

窑神庙公园

神庙南侧有一座坐东朝西的高大壮观的大戏楼，每年祭祀窑神时要在大戏楼唱三天戏，是祭祀窑神的重要场所，也是煤业文化展现的聚集地。

千军台、庄户一带盛行的正月十五、十六的古幡会充满了明清古代遗风，形成了京西独特的民间风俗。古幡会已流传了几百年，它以颂神、祭神为主要内容。传统的古幡盛会是以两村数十面中幡为主体的会档，不仅是京西门头沟的珍贵民间文化遗产，也是华北地区民间一绝。现在这个幡会准确的名字应是"敕封天人吉祥圣会"。既然是"敕封"，说明它受过皇封，但具体是哪位皇帝封的，已经没人说得清楚。就连这个古幡会起源于什么朝代，现已无任何文字记载，连庄户、千军台两村的村志上都是一片空白。据说每年正月十五是三官爷的生日，千军台村有三官幡，因此庄户村的会档须去那里走会。而到了正月十六，千军台村的会档要去庄户村走会。幡会内容包括幡、吹打音乐、吵子、秧歌等，一个会档中有如此丰

乌金留痕

门头沟之源

富的内容，即使在山外也不多见。走会时两村的幡旗等会档被统一调度安排，队伍可长达500米，场面十分壮观。据说会档有御赐的铜锤铁锏，这家伙上可打君，下可打臣，走会时，如遇阻拦，格杀勿论。因此即使在光绪帝驾崩国丧期间，全国禁止娱乐，唯此幡会照走不误。

由于幡会的举办比春节还要热闹，无论是附近的居民还是闻讯前往的人们，都绝不会漏掉这一年一次的盛会。在外工作的游子们甚至会专门请假回来参加。两村的男女老少齐出动，古幡会实际也成了两村一年一度的联谊活动。

"敕封天人吉祥圣会"崇尚道教，所以每年逢碧霞元君圣诞都要朝顶、拜山，朝拜的都是道教的庙观，远的有涿州药王庙，近的有妙峰山惠济祠和大台沟里的福龙山娘娘庙。每年的上元节，是紫微大帝的生日，传说中每到这天，紫微大帝都要到下界给百姓"天官赐福"，所以要在这一天走幡会。

　　按俗例，古幡盛会在正月十五下午3点在千军台村举行，同时，庄户村的幡会在"起会"后来到几里外的千军台村东口，千军台村的幡会在此等待，即"接会"。两村会头互致问候后"拨会"，随后两村的幡会队伍朝千军台村西口行进。一路上，两面直径约1米的大铜锣开道，众旗幡依次行进。五彩缤纷的幡旗，悠扬动听的乐曲，兴高采烈的村民，古幡盛会队伍浩浩荡荡绵延数百米，其场面、气势非常壮观。仪式结束，鸣锣开道，由两个中年人敲打着两面直径约70厘米的大铜锣走在队伍的最前面，紧接着是两个儿童各举着一面蓝色旗子，接着是两个儿童举着4米高的中幡，再后面是由几个人擎着灵官元帅大旗，幡会、狮子会、小车会、地秧歌等数十档花会跟随其后。每面中幡高约8米左右，每面中间书有"敕封庄户村朝顶进香会""千军台村传统文艺幡会""敕封山川水草白马元帅""敕封晶光普照太阳""南极延寿本命真君"等字样，幡顶饰有五彩宝盖。

幡会场景一（由北京联合大学张勃老师提供图片）

幡会场景二（由北京联合大学张勃老师提供图片）

（二）行话、俗语、歌谣

京西煤业的歌谣、诗词、传说，除少数出自文人士大夫之手，大多是底层劳动人民创作，流传于京西煤业矿区及矿工之间。这些地方色彩浓厚的文学作品，语言朴实，通俗易懂，好记易传，乡土气息浓郁，反映了京西煤业特色，特别是矿工的生产、生活，是北京煤业历史的真实记录，也是北京煤业文化的重要组成部分。

北京煤业有上千年的采煤史，对北京的发展做出了重要贡献，与北京人的生活密不可分，产生了许多煤炭习俗，形成了富有特色的地方煤炭文化。其中，北京煤炭歇后语为数众多，且颇有意趣。

门头沟的财主——摇（窑）头。门头沟是北京煤炭发源地，许多富裕起来的人几乎都是矿主、窑头。

门头沟的官司——没（煤）问题。门头沟地区在采煤运煤过程中，常常会出现各种经济上的纠纷，由此产生了许多官司。

门头沟的骆驼——倒霉（煤）。门头沟煤炭资源丰富，明末清初"京城百万之家，皆仰给于西山之煤"。当时没有铁路、公路，运煤主要靠骆驼。

平则门下关——没（煤）事。旧时阜成门名为平则门，是专门走煤的门。

旧时，北京城的煤炭交易形式多种多样，有煤场、煤铺、煤店、煤栈，分布在各个街道胡同。

诙谐的北京人借煤的谐音演绎出许多与煤相关的歇后语：

宅子里开煤铺——倒霉（煤）到家了。

煤场里移垛——倒霉（煤）。

煤球店的磅秤——成叹（称炭）。

煤栈的营业员——吓（黑）人（此处"黑"与"吓"同音）。

煤铺里边搭戏台——一唱三叹（炭）。

赶大车的拉煤末——倒霉（煤）一道。

煤店卖棉花——黑白不分。

煤末抹墙皮——一抹黑。

煤堆里的窟窿——黑洞洞。

煤堆里的蚂蚁——难找。

煤堆里的屎壳郎——难找。

煤堆里长野谷子——无（乌）中生有。

煤火台上包饺子——烧包货。

煤块当汉白玉——颠倒黑白。

煤块掉雪地——黑白分明。

煤灰塞烟筒——不通。

煤球捅煤眼——黑透了。

煤铺伙计跺脚——吓（黑）人一跳（此处"黑"与"吓"同音）。

歌谣《窑喜》

一入窑场抬头观，观见三座好宝山。

左金山、右银山，当中一座好煤山。

官房儿盖得好比金銮殿，拔道如同佛爷龛。

龛里头供着神三位，山神、土地，窑神在中间，

诸位要想认识祖师相，顶灯、挂镐，倒提着一串钱。

窑里使着千把镐，窑外放着万把锹。

205

灯也亮，水也干，淘水的水工永不见。

蹬车、峦牛的使劲地把风扇，教我们念喜来要饭。

东西庄家家串，肚子里无食冻得直打战。

不管它打战不打战，先给这宝号送吉言。

有顺槽，有上山，大小朴随便添，不冷不热掌也干，

块子掌来得顺，掌头着煤也省劲，

弧也平道也高，背煤的顺劲不猫腰。

中心撑，大地棱，猞烙顶，根脚浅，作头一见更省心。

买卖快、骆驼驮、大车搜，硬蹄的牲口怕它碾场不爱卖，

官房门前立着我的八杆秤，八个约，八个号，

看"堆（zui）儿"的先生不敢离拔道。

总管的先生着了急，先研墨，后提笔，

拉骆驼、赶车的算账往里挤，

收了钱，开联单，跑出柜房一溜烟，

"大头"三点把"起儿"叫，九点多钟才睡觉，

三、九点一天半，拉骆驼、赶车的算账拥不断。

一个月，三旬头，挣下的银钱雇脚找骆驼，

上磅约，多少吨，开窑的先生一见喜在了心，

喜在心，开了恩，立下粥场济儿孙，

做高官，中状元，天子的贵客他把蟒袍穿，

穿朝靴，戴亮红，天子贵客第一人。

十字披红插金花，玉牒衣前放光华，

考了官，回了家，这一回，

开窑的、总管、先生永远把财发。

歌谣《水工歌》

张飞呀出马呀一呀条枪，

二郎爷担山赶过太阳，

三度林英是韩湘子呀，

四弟赵云保过皇娘，

五郎怕死躲到了高山上，

把守着三关是杨六郎，

乱箭穿死是杨七郎，

北国的驸马是杨八郎，

八姐九姐本是亲姐妹呀……

歌谣《开券喜歌》

观四方，坐北朝南细端详，

开采、烧香、破土，正在关口上，

作头的心力、眼力、能力、名誉，

如同皓月照八方，开窑的洪福齐天盖世无双，

真是个金梁配玉柱，举动人心，

开窑如同立下的粥场就当香。

天开仓，地开库，地巧人拙神引路。

垫窑场，盖柜房，头券就在今晚上。

侧（zhāi）楞关透槽根，

槽拉的、关拉的两下分。

北大槽爬坡上山，顺槽起棚道，

关里头，东道、西道、北道、正南几条道。

三岔口，四牌楼，头指正东无有拦挡，

回身西头投了顺槽。百丈厚的中心棱怀中抱，

托的券底永远不能落（lào），

黑煤不嘭，白煤不爆，

哪家的交界也挨不着。

（三）煤业禁忌

禁忌也是习俗的一个部分。过去的煤业生产是个高危的生产行业，出于当时的条件和人们对自然界的认知，京西煤业千百年来在生产和窑工的生活中，都形成了许多的禁忌。煤业禁忌主要有生产禁忌和生活禁忌两大类。

1.煤业的生活禁忌

（1）忌讳小孩无故哭闹。哭声是窑工非常忌讳的事。

（2）忌讳小孩倒拉鞋。旧时家里死了人，出殡的时候儿女们是倒退着走出院子的。所以忌讳小孩倒拉着鞋玩。

（3）窑工上工前忌讳夫妻吵架。吵架会使丈夫情绪不好，下井时，精神不集中容易出事。

（4）上班前禁止说不吉利的话，如死、丧、伤等。如果说了，要马上啐唾沫等。

2.煤业的生产禁忌

（1）煤窑生产使用木材禁忌使用桑木。"桑"字与"丧"字同音，忌讳用桑木做井下的支架等。

（2）棚梁忌用桦木。井下支护有的地方要架棚子。架棚子的横梁木材

要有韧性。桦木韧性差，所以不能用。

（3）不准伤害老鼠。老鼠的嗅觉灵敏，遇到塌方、冒顶、透水有先兆，会仓皇逃窜。此外有老鼠的地方说明有空气。井下工人见到老鼠常说"窑神爷"，不能伤害。

（4）不准妇女进窑矿。原因一是背煤或拉煤的大都光着身子；二是旧时认为妇女进了窑矿会冲撞了窑神爷，破了财气。

（5）忌倒背空篓子。窑工下井背煤，空篓子不许口朝下底朝上倒背着，这样象征着这座窑无煤可背了。

（6）忌在井下吹口哨。旧时认为，口哨声代表哭声，窑里会死人。

（7）下井前不许吃大蒜。因为井下通风不好，大蒜味会熏人。

（8）井下不许睡觉。因为井下的风阴凉，寒气大，睡觉会使人致病，患风湿性关节炎等病。

（9）井下不许吸烟。生产烟煤的矿井有瓦斯，回采工作面煤尘大，容易引起燃爆。

（10）窑工不能把私人恩怨带到井下。井下生产环境差，安全风险大，发生事故要及时相互帮助，不能讲私人恩怨，更不许报复。

乌金留痕

【参考资料】

[1] 潘惠楼著：《京煤史话》，煤炭工业出版社，2009年。

[2] 薛毅著：《晚清煤矿的兴起及其影响》，《湖北理工学院学报（人文社会科学版）》，2018年1月，第35卷，第1期。

[3] 林文龙编：《北京告别千年"京西小煤窑"3万人搬出大山》，《新京报》，2010年6月11日。

[4] 段志强编：《陈建功小说成就试探》，《贵州民族学院学报（社会科学版）》，1984年6月15日。

[5] 潘惠楼著：《北京煤炭工业60年发展述略（1949—2009年）》，《中国矿业大学学报（社会科学版）》，2011年6月25日。

[6] 王振华编：《浅谈洗煤机械工艺及常见问题》，《科技与企业》，2011年8月6日。

[7] 余秋雨著：《废墟》，《人民文学》，1989年5月31日。

【后　记】

京西煤业见证着无数劳动者的辛劳和汗水，承载着一代又一代人的记忆。它深厚的文化底蕴激荡在矿工手中的一镐一锹中，依附在矿工驼弯的腰背和黝黑的面庞上。它随着罐笼、铁轨、板车，走入千家万户，用千年不灭的火焰诉说着京西煤业的曲折沧桑。

它造就了北京皇城的威严和厚重，承受了帝国主义列强肆意掠夺留下的创伤，它历经烽火硝烟，挺起不屈的脊梁。在满目疮痍、百废待兴的新起点上，它激情迸发、战天斗地，为首都的建设和发展几十年始终如一地默默奉献，成就了国际化大都市的绚烂辉煌。

乌金墨玉，石火光恒。京西千年的采煤史是京西沧桑变迁的历史见证，漫长岁月形成的绚烂多彩的煤业文化，不仅是永定河文化和大西山文化的重要组成部分，更是北京文化的重要内容，是北京发展历史长河中的宝贵财富。

从"京师炊爨均赖西山之煤"，到如今关停并转，全力推进首都绿色生态屏障建设，京西煤业走过了近千年不平凡的历程。虽然京西煤业即将完成光荣使命退出历史舞台，但它为北京成为都城奠定了坚实基础，为北京的建设发展奉献了"一盆火"的巨大历史贡献，永远值得我们铭记。

经历了采煤业、采矿业关停并转的阵痛，京西门头沟区凤凰涅槃，以改革创新的精神认真落实生态涵养功能定位，把门头沟的发展放在京津冀

协同发展国家战略当中，融入增强首都核心功能的大局，聚焦实现转型发展、与首都一道率先全面建成小康社会宏伟目标，积极探索符合门头沟区实际的转型发展道路。坚持把改善生态环境放在更加突出的战略位置，牢固强化"绿水青山就是金山银山"的发展理念。疏解非首都核心功能，坚持"高精尖"导向，推进产业结构调整和产业创新。

陈媛媛

2019年9月